财务管理实务

主　编　费琳琪　郭红秋

副主编　张俊清　吴　奕　王　健　殷　雪

北京理工大学出版社
BEIJING INSTITUTE OF TECHNOLOGY PRESS

图书在版编目（CIP）数据

财务管理实务/费琳琪，郭红秋主编 . —北京：北京理工大学出版社，2020. 7
ISBN 978 – 7 – 5682 – 8720 – 3

Ⅰ. ①财… Ⅱ. ①费… ②郭… Ⅲ. ①财务管理 – 高等学校 – 教材 Ⅳ. ①F275

中国版本图书馆 CIP 数据核字（2020）第 126286 号

出版发行 / 北京理工大学出版社有限责任公司	
社　　址 / 北京市海淀区中关村南大街 5 号	
邮　　编 / 100081	
电　　话 / (010) 68914775（总编室）	
(010) 82562903（教材售后服务热线）	
(010) 68948351（其他图书服务热线）	
网　　址 / http：//www. bitpress. com. cn	
经　　销 / 全国各地新华书店	
印　　刷 / 唐山富达印务有限公司	
开　　本 / 787 毫米 × 1092 毫米　1/16	
印　　张 / 11. 25	责任编辑 / 王俊洁
字　　数 / 235 千字	文案编辑 / 王俊洁
版　　次 / 2020 年 7 月第 1 版　2020 年 7 月第 1 次印刷	责任校对 / 刘亚男
定　　价 / 59. 00 元	责任印制 / 施胜娟

前　言

为适应高职教育改革发展的新形势，及时反映新时代课程教学改革的成果，顺应课程教材改革发展的趋势，落实素质教育精神，满足高职高专院校财经管理类专业在新形势下的教学需要，提高学生职业能力与可持续发展能力，我们开发了此教材。

本教材按照高职高专应用型人才的培养目标，在内容选取上立足高职学生的特点，以理论够用为原则，以工作任务为驱动，注重对学生能力的培养。教材在结构上设为上篇"财务管理知识准备"、中篇"资金管理"、下篇"财务分析"，中篇"资金管理"是以"资金筹集——资金使用——资金分配"的运动过程为主线。教材共分解为八个项目，每一项目下分设若干任务，每个任务下设置相关知识和任务实施，将工作任务、案例分析、知识检测、技能检测、总结评价有机结合，让学生了解财务管理岗位职责，掌握财务管理工作技能。教材内容直接对应完成某项任务的需求，实现教学做统一，通过边学边做，强化学生的实践动手能力。

本教材的特色体现在以下几点：

1. 反映新时代教学改革成果

教材以课程建设为依托，全面反映新时代产教融合、校企合作、创新创业教育、教育信息化等方面的教学改革成果，以培养职业能力为主线，将探究学习、与人合作、解决问题、创新能力的培养贯穿教材始终，充分适应不断创新与发展的理实一体化教学组织与实施形式。

2. 通俗性、实用性较强

在编写过程中，我们对教材的内容体系、难易程度、案例选择等方面进行了认真梳理，使教材具有明显的针对性和易读性，引入了会计文化、思政教育元素，本教材既可作为高职高专院校会计、财务管理等财经类专业的教师和学生财务管理课程的教学用书，也可作为从事相关工作人员的参考书籍。

3. 教学资源丰富，在线共享，方便教师教，利于学生学

教材在典型工作任务中间插有二维码资源供学生进一步学习，并配套相应的课程电子教案、教学课件、同步习题及答案、模拟试卷及答案等资源，既能满足教师的开

放性教学和选择性教学要求，又能满足学生的创新性学习和探究性学习的需要。

4. 企业人员参与编写，"双元"合作

我们在编写教材时，邀请行业企业专家参与教材体系设计，对教材编写提出建议，并提供任务背景材料等编写素材。

本教材由辽宁农业职业技术学院和铁岭师范高等专科学校的老师共同完成。由费琳琪和郭红秋担任主编，由张俊清、吴奕、王健和殷雪担任副主编，周彤、刘莹、信钰、徐艳、徐玉萍、沈淑荣、郭悦娥等老师参与编写。辽宁鑫鼎项目管理有限公司徐世刚经理、营口经济技术开发区勒缘会计培训中心刘秀林校长也参与了本教材的编写。最后，本教材在费琳琪的指导下，由郭红秋进行了修改和统稿。

由于编者水平所限，书中难免存在缺点和错误。不妥之处，恳请同行和读者批评指正。

编　者

目 录

下篇　财务分析

上 篇
财务管理知识准备

走进财务管理

 学习目标

知识目标

- 理解财务管理的概念
- 熟悉企业的财务活动
- 理解财务管理目标的含义和优缺点
- 熟悉企业财务管理环境

技能目标

- 能解释企业财务管理的内容
- 能确定企业最优财务管理的目标
- 能评价企业宏观及微观理财环境

素质目标

- 培养良好的职业道德和敬业精神
- 培养合作精神

 **案例引入**

孔子的理财思想

　　孔子名丘，字仲尼，春秋末期鲁国陬邑人。孔子三岁丧父，家庭经济状况不太好，在 17 岁的时候到贵族家里做过记账的委吏和管理牛羊的乘田吏。人们谈到孔子，一般只知道他是我国伟大的思想家和教育家，儒家学派的创始人，但很少有人知道孔子在理财方面也有自己独特的思想。

《论语》颜渊篇第十二章载子贡问政。子曰："足食，足兵，民信之矣。"孔子主张"足食"，即把解决老百姓温饱作为当政者的头等大事。治国必先安民，安民的办法，是让人民富裕起来，这是儒家重要的民本主义思想。可以说富民强国是孔子理财思想的根本目标和主要境界。

另外，孔子强调"因民之所利而利之"的理财原则。按照现代的观点来看，即在理财的过程中，应该从股东权益最大化的角度出发。这对防范当前一些国有企业的管理者利用所有权缺位，损害国家利益和中小股东利益的行为有着较好的借鉴意义。

孔子以"仁"为核心，以"礼"为准则，以"和"为目标的伦理思想，是其理财思想的精华所在。孔子追求的最高目标，也是其理财思想的基础所在。

本项目要求学生在理解财务管理概念、内容与目标的基础上，进一步熟悉财务管理的环节和理财环境，从而加深对财务管理的认知。

课堂笔记

任务一　认知财务管理

背景材料

什么是财务管理？

财务管理专业的毕业生小王、小李和小张一起应聘某公司的财务管理岗位。面试时财务经理对他们分别进行提问："什么是财务管理？"

小王说："财务不就是会计吗，财务管理就是会计的进一步延伸。"

小李说："财务是管钱的，会计是管账的，所以我们不仅要学会做账，还要学会管钱。"

小张说："财务管理就是管理企业一切和钱有关的活动。"

学习任务

如果你是财务经理，在上面三位同学的回答中，你赞同谁的说法？在你看来，什么是财务管理？财务管理的工作内容是什么？

任务目标

通过完成学习任务，理解财务管理的概念，熟悉企业的财务活动，明确企业的财务关系。

相关知识

一、财务管理的含义

财务管理是企业管理的一个组成部分，是根据财经法规制度，按照财务管理的原则，组织企业财务活动、处理财务关系的一项经济管理工作。简单地说，财务管理是组织企业财务活动，处理财务关系的一项经济管理工作。

二、企业财务活动

企业财务活动是指企业资金的筹集、使用、收回及分配等一系列行为，是以现金收支为主的企业资金收支活动的总称。企业财务活动可以分为以下四个方面：

1. 企业筹资引起的财务活动。
2. 企业投资引起的财务活动。
3. 企业经营引起的财务活动。
4. 企业分配引起的财务活动。

二维码1
企业财务活动

上述财务活动的四个方面不是相互独立、互不相关的，而是相互依存、相互制约的。资金的筹集是资金运动的起点和条件；资金的投放是资金筹集的目的和运用；资金的运营是对营运资金的日常控制；资金的分配则反映了资金运动的最终成果。上述互相联系又有一定区别的四个方面，构成了完整的企业财务活动，也就是财务管理的基本内容：筹资管理、投资管理、营运资金管理、利润分配管理。

三、企业财务关系

企业财务关系是指企业在组织财务活动中与各有关方面发生的经济关系。企业在筹资活动、投资活动、资金营运活动和利润分配活动中，与各有关方面的经济利益关系可以概括为以下几个方面：

二维码2
企业财务关系

（1）企业与所有者之间的财务关系。
（2）企业与被投资单位之间的财务关系。
（3）企业与债权人之间的财务关系。
（4）企业与债务人之间的财务关系。
（5）企业内部各单位之间的财务关系。
（6）企业与职工之间的财务关系。
（7）企业与税务机关之间的财务关系。

 **任务实施**

扫码查看学习任务参考。

二维码3
学习任务参考

任务二　确定财务管理目标

 背景材料

东方公司是一家上市公司，在成立初期，公司性质为家族企业，公司主要从事利润丰厚的服装贸易，且规模较小，其财务管理的目标是利润最大化。随着公司规模的发展，公司从服装贸易的小公司成长为集服装设计、制作、销售于一体的大型上市公司。随着公司性质的变化，其财务管理的目标也转变为股东财富最大化。

 学习任务

根据东方公司的案例分析：财务管理的目标都有哪些？股东财富最大化是东方公司最优的财务管理目标吗？

 任务目标

通过完成学习任务，理解财务管理目标的含义，理解利润最大化、股东财富最大化、企业价值最大化三种财务管理目标的优缺点。

 相关知识

一、财务管理目标

财务管理目标是企业财务管理活动所希望实现的结果，它影响着企业财务政策的选择与制定，是评价企业财务管理活动是否合理有效的基本标准，是企业财务管理工作的行动导向。

二、具有代表性的企业财务管理目标

随着市场经济体制的逐步完善，财务管理理论在不断地丰富和发展，其中财务管理目标也在不断推陈出新。到目前为止，先后出现了几种比较有代表性的观点。

（一）利润最大化

利润最大化的观念认为利润是衡量企业经营和财务管理水平的标志，利润越大，越能满足投资人对投资回报的要求，利润最大化就是财务管理的目标。

1. 利润最大化目标的优点

（1）企业追求利润最大化，就必须不断加强管理、降低成本、提高劳动生产率、提高资源利用效率。这些措施有利于企业资源的最优配置。

（2）利润指标在实际应用中简单直观，容易理解和计算。在一定程度上也反映了企业经营效果的好坏。

2. 利润最大化目标的缺点

（1）没有明确利润最大化中利润的概念，给企业管理当局提供了操纵利润的空间。

（2）没有考虑到资金时间价值因素的影响。例如：去年获利的 10 万元和今年获利的 10 万元，其实际价值是不一样的，哪一个更符合企业的目标？若不考虑资金时间价值，就难以做出正确判断。

（3）没有考虑到风险价值因素的影响。例如：同样投入 500 万元，本年获利 100 万元，一个企业获利已全部转化为现金，另一个企业则全是应收账款，并可能发生坏账损失，哪一个更符合企业的目标？若不考虑风险的大小，就难以做出正确判断。

（4）没有考虑利润取得与投入资本的关系。例如，同样获得 100 万元的利润，一个企业投入资本 500 万元，另一个企业投入资本 600 万元，哪一个更符合企业的目标？若不与投入的资本联系起来，很难做出正确的判断。

（5）可能导致企业管理者的决策行为带有短期倾向，只注重近期利益，忽略企业的长远发展。

（二）股东财富最大化

股东财富最大化是指通过财务上的合理经营，为股东带来最多的财富。股东作为公司的所有者，承担着公司全部的风险，理应享受企业经济活动所带来的全部收益。

1. 股东财富最大化目标的优点

（1）股票的内在价值是按照风险调整折现率折现后的价值，因此，股东财富这一指标能够考虑取得收益的时间因素。

（2）考虑了风险因素，通常股票价格会对风险做出较敏感的反映。

（3）反映了资本和收益之间的关系。

（4）在一定程度上克服了企业在追求利润上的短期行为。

2. 股东财富最大化目标的缺点

（1）只适用于上市公司，对非上市公司很难适用，不具有普遍的代表性。

（2）只强调股东的利益，对企业其他相关者的利益不够重视。

（3）股价受众多因素影响，如国家政策的调整、国内外经济形势的变化、股民的心理等，这些因素并不是企业管理当局所能控制的。

（三）企业价值最大化

所谓企业价值，是指企业全部资产的市场价值，即企业资产未来预计现金流量的现值。企业价值最大化是指企业通过合法经营，采取有效的经营和财务策略，充分考虑资金的时间价值和风险与报酬的关系，在保证企业长期稳定发展的基础上使企业总价值达到最大。

1. 企业价值最大化目标的优点

（1）考虑了报酬取得的时间以及风险与报酬的关系。

（2）将企业长期稳定的发展和持续的获利能力放在首位，能克服企业追求利益上的短期行为。

（3）用价值代替价格，克服了外界市场因素的干扰。

（4）有利于社会资源合理配置，社会资本通常流向企业价值最大化的企业，从而实现社会效益最大化。

2. 企业价值最大化目标的缺点

（1）企业价值过于理论化，不易于操作，尽管上市公司可通过股票价格变动揭示企业价值，但股价是受多种因素影响的。

（2）对于非上市企业，只有对企业进行专门的评估才能确定其价值。

以上关于企业财务管理的目标是互相作用的。近年来，随着上市公司数量的增加，以及上市公司在国民经济中地位的提高、作用的增强，企业价值最大化目标逐渐得到了人们的认可。即便有部分缺点，但企业价值最大化目标仍是目前认同度较高的财务管理目标，是目前最优的财务管理目标。

 任务实施

扫码查看学习任务参考。

二维码4
学习任务参考

 课堂笔记

任务三　分析财务管理环境

 背景材料

新闻报道：2020年3月27日，银行业协会发布消息，为了应对疫情的影响，银行业金融机构执行低贷款利率，支持疫情防控企业降低融资成本。农业发展银行对人民银行全国性名单内的重点支持企业，提供的再贷款发放利率为2.5%~3.1%，低于3.15%的利率上限，加大对重点企业的支持力度；工商银行对于人民银行再贷款名单内的国家疫情防控重点企业，利率最低为1.65%，最高不超过LPR100个基点，多数执行最低利率；农业银行对疫情防控相关小微企业实施优惠定价，确保全国疫情防控重点保障企业名单内的小微企业获得优惠贷款利率。

学习任务

假如你是企业的财务经理，你认为银行业支持疫情防控企业降低融资成本对企业融资会产生什么样的影响？影响企业财务管理的因素还有哪些？

任务目标

通过完成学习任务，熟悉企业的财务管理环境，能评价理财环境，为企业正确决策提供依据。

相关知识

财务管理环境是指对企业财务活动和财务管理产生影响作用的企业外部的各种条件，是企业财务管理所必须面对的外部条件，最重要的财务管理环境是经济环境、法律环境、金融环境和社会文化环境。

一、经济环境

财务管理的经济环境是影响企业财务管理的各种经济因素。经济环境的内容十分广泛，主要包括经济发展水平、经济周期、通货膨胀、政府的宏观经济政策等。

（一）经济发展水平

经济发展水平是指一个国家经济发展的规模、速度和所达到的水准。反映一个国家经济发展水平的常用指标有国民生产总值、国民收入、人均国民收入、经济发展速度、经济增长速度。经济发展水平越高，财务管理水平越好。

（二）经济周期

在市场经济条件下，经济会交替出现复苏、繁荣、衰退、萧条等发展阶段，形成经济周期。处于不同经济周期的企业，企业的经营状况、财务状况和理财手段也不尽相同。经济周期中的理财策略如图 1-1 所示。

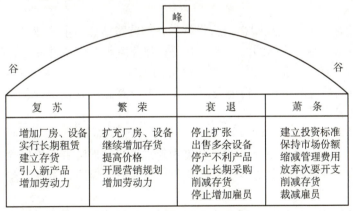

图 1-1 经济周期中的理财策略

（三）通货膨胀

通货膨胀是指投入流通中的货币过多，大大超过流通的实际需要量，因而引起物价上涨、货币贬值的现象。通货膨胀会给企业财务管理带来较大的不利影响，主要表现在：资金占用额迅速增加；利率上升，企业筹资成本加大；证券价格下跌，筹资难度增加；利润虚增、资金流失等。

（四）政府的宏观经济政策

经济政策是国家进行宏观经济调控的重要手段。国家的经济发展计划、产业政策、金融政策、财税政策、外汇政策以及政府的行政法规等对企业的筹资活动、投资活动和分配活动都会产生重要影响。

二、法律环境

财务管理的法律环境是指影响企业财务管理的各种法律因素。主要包括企业应当遵守的各种法律、法规和规章。影响企业财务管理的法律环境主要有企业组织法规、税收法规和财务法规等。

二维码5
企业法律环境

三、金融环境

金融环境主要是指金融市场对企业财务管理的影响。影响财务管理的金融环境因素主要包括金融市场、金融机构、金融工具和利率。

（一）金融市场

金融市场是资金供应者和资金需求者双方通过金融工具进行交易的场所。因此，金融市场环境是企业最为重要的环境因素。

二维码6
金融市场

（二）金融机构

1. 我国的银行金融机构

（1）中国人民银行，是我国的中央银行，它代表政府管理全国的金融机构和金融活动。

（2）商业银行，是以经营存款、贷款，办理转账结算为主要业务，以营利为主要经营目标的金融企业，我国的商业银行有国有独资商业银行和股份制商业银行。

（3）政策性银行，是由政府设立，以贯彻国家产业政策、区域发展政策为目的，不以营利为目的的金融机构。目前我国政策性银行有国家开发银行、中国进出口银行和中国农业发展银行。

2. 我国的非银行金融机构

（1）保险公司，是将投保者的资金集中起来，当被保险者发生保险条款所列事项时进行赔偿的金融机构，主要经营保险业务，包括财产保险、责任保险、保证保险和人身保险等。

（2）证券机构，是指从事证券业务的机构，包括证券公司、证券交易所和登记结算公司。

（3）信托投资公司，是以受托人的身份代人理财的机构，其主要业务有经营资金和财产委托、代理资产保管、金融租赁、经济咨询以及投资等。

（4）财务公司，是由企业集团内部各成员单位入股，向社会募集中长期资金的金融机构。

（5）金融租赁公司，是办理融资租赁业务的公司组织，其主要业务有动产和不动产的租赁、转租赁和回租租赁等。

（三）金融工具

金融工具是证明债权债务关系并据以进行货币资金交易的合法凭证。金融工具主要包括各种商业票据、可转让定期存单、股票、债券、期货合约、期权合约等。

金融工具具有以下特征：

1. 流动性

流动性是指金融工具能够在短期内迅速地、不受损失地转变为现金的能力。

2. 风险性

风险性是指购买金融工具的本金遭受损失的可能性。

3. 收益性

收益性是指金融工具能定期或不定期给持有人带来收益的特征。

（四）利率

利率也称利息率，是利息占本金的百分比指标。从资金的借贷关系看，利率是一定时期运用资金资源的交易价格。在金融市场上，资金可以看作是一种特殊的商品，以利率为价格标准的融资，实际上是资源通过利率实行再分配。

二维码7
利率

四、社会文化环境

企业的财务活动不可避免地受到社会文化的影响。社会文化环境包括教育、科学、文学、艺术、新闻出版、广播电视、卫生体育、世界观、理性、信念、道德等。社会文化的各方面对财务管理的影响程度是不尽相同的。

 任务实施

扫码查看学习任务参考。

二维码 8
学习任务参考

 素质培养

案例分析

从财务目标分析华为的成功之道

华为技术有限公司成立于 1987 年，总部在深圳，是生产销售通信设备的民营企

二维码9
案例分析

业，100%由员工持股，是全球领先的 ICT（信息与通信技术）基础设施和智能终端提供商。

根据对华为年度财务报表的数据剖析，华为的财务目标主要是通过技术创新、研发投入、职工控股、利润分配、团队管理来实现的。利益相关者财富最大化是华为集团财务目标的既定模式。股东为华为投资控股有限公司工会委员会和任正非，创办人任正非只拥有公司 1.4% 的股权。股东可以享有除了表决、出售、拥有股票以外的全部利润分享权力。体现了人力资本所有者的权益，并且使企业财产配置原则从货币持有者过渡为收益创造者。华为把"以客户为中心"作为企业文化的一部分，把客户获益放在第一位，保证了华为的市场占有率。此外，华为一直重视与供应商之间的交流合作，对供应商的能力进行培养，在供应商内部提供相互学习交流分享的平台，通过业务驱动供应商提升可持续发展绩效，加强与政府和非政府机构的合作。同时，华为把与当地社区共同发展作为重要的社会责任。包括支持 ICT 创新和初创企业、支持社区环保活动、减少自身运营活动对环境的影响、支持人才培养和教育事业以及关爱弱势群体等。

华为真正做到了为员工与股东、顾客、供应商、社会等利益相关者着想，使其作为国内的、非上市的、民营的、高科技的企业在市场中脱颖而出，成为我国电信产业龙头。

请分析：华为公司是如何实现企业财务管理目标的？

知识检测

一、单项选择题

1. 企业支付股利属于由（　　）引起的财务活动。

A. 投资　　　　　B. 分配　　　　　C. 筹资　　　　　D. 资金营运

2. 下列（　　）属于企业销售商品或提供劳务形成的财务关系。

A. 企业与供应商之间的财务关系　　　B. 企业与债务人之间的财务关系

C. 企业与客户之间的财务关系　　　　D. 企业与受资者之间的财务关系

3. 利率主要由（　　）决定。

A. 经济周期　　　　　　　　　　　B. 资金的供给与需求

C. 通货膨胀　　　　　　　　　　　D. 国家货币政策

4. 财务管理以（　　）作为财务管理的最优目标。

A. 利润最大化　　　　　　　　　　B. 每股收益最大化

C. 企业价值最大化　　　　　　　　D. 收入最大化

5. 下列不属于财务管理环节的是（　　）

A. 财务预算　　　　B. 财务报告　　　　C. 财务决策　　　　D. 业绩评价

6. 相对于利润最大化目标，以每股收益最大化作为财务管理目标，优点是（　　）。

A. 反映了创造的利润同投入资本之间的关系

B. 考虑了风险因素

C. 考虑了资金时间价值

D. 可以避免企业的短期行为

7. 现代财务管理的最优目标是（　　　）。

A. 总产值最大化　　　　　　　　　　B. 利润最大化

C. 每股盈余最大化　　　　　　　　　D. 企业价值最大化

8. 在没有通货膨胀时，（　　　）利率可以视为纯粹利率。

A. 短期借款　　　　　　　　　　　　B. 金融债券

C. 国库券　　　　　　　　　　　　　D. 商业汇票贴现

9. 财务管理的对象是（　　　）。

A. 资金运动　　　B. 财务关系　　　C. 货币资金　　　　D. 实物财产

10. 构成企业最重要财务关系的主体是（　　　）。

A. 股东与经营者　　　　　　　　　　B. 股东与债权人

C. 企业与社会公众　　　　　　　　　D. 股东、经营者和债权人

二、多项选择题

1. 财务关系是指企业组织财务活动过程中与有关各方所发生的经济利益关系，包括（　　　）之间的关系。

A. 企业与政府　　　　　　　　　　　B. 企业与职工

C. 企业与供应商　　　　　　　　　　D. 企业与客户

2. 金融环境是企业最为主要的环境因素，财务管理的金融环境包括（　　　）。

A. 金融机构　　　B. 金融市场　　　C. 税收法规　　　D. 金融工具

3. 影响财务管理的经济环境包括（　　　）。

A. 经济周期　　　　　　　　　　　　B. 经济发展水平

C. 宏观经济政策　　　　　　　　　　D. 企业组织形式

4. 以企业价值最大化作为财务管理的目标，则（　　　）。

A. 考虑了资金时间价值

B. 强调了风险与报酬的均衡

C. 在一定程度上克服了企业的短期行为

D. 可用企业未来预期报酬按照必要报酬率贴现的现值之和来衡量

5. 关于股票投资的特点，表述错误的是（　　　）

A. 股票投资收益具有较强的波动性　　B. 股票投资的风险性较小

C. 股票投资者的权利最小　　　　　　D. 股票投资到期要还本付息

三、判断题

1. 企业与职工之间的财务关系体现的是债权与债务关系。（　　　）

2. 企业与受资者之间的财务关系体现债权性质的投资与受资关系。（　　　）

3. 金融市场的主体就是指金融机构。（　　　）

4. 流动性风险收益率是指为了弥补债务人无法按时还本付息而带来的风险，由债权人要求提高的利率。（　　　）

5. 财务分析可以改善财务预测、财务决策、财务预算和财务控制，改善企业的管理水平，提高企业的经济效益，所以财务分析是财务管理的核心。（　　　）

技能检测

阳光公司判断，目前处于经济的复苏阶段，市场的需求开始转旺，公司要想在竞争中赢得主动，面对经济的周期性波动，财务人员必须预测经济变化情况，适当调整财务政策。阳光公司可以采取的财务政策有哪些？

 总结评价

学生根据任务实施、素质培养的完成情况，对自己进行评价，并填写总结评价表如表 1–1 所示，对错误进行总结。

表 1–1　总结评价表

项目		等级评定	错题编号	对应知识点
任务实施	一			
	二			
	三			
案例分析				
知识检测				
技能检测				

注：等级评定为优秀、良好、一般、不及格。

财务管理的基本技能

 学习目标

知识目标

- 理解货币时间价值的概念
- 掌握货币时间价值的计算方法
- 理解风险与收益的关系

技能目标

- 能够灵活运用货币时间价值
- 具备计算与分析投资风险与收益的能力

素质目标

- 树立财务管理时间价值观念和风险意识
- 培养理财思维

 案例引入

玫瑰花悬案

1797 年 3 月，拿破仑偕同新婚妻子参观了卢森堡大公国第一国立小学。在那里，他们受到全校师生的热情款待。在辞别的时候，拿破仑慷慨豪爽地向该校校长送上一束价值 3 个金路易的玫瑰花，并保证未来每年的今天亲自派人送给贵校一束价值相等的玫瑰花，作为法兰西与卢森堡友谊的象征。时过境迁，疲于连绵不断的战争和此起彼伏的政治事件，拿破仑把青年时代在卢森堡的许诺忘得一干二净。1984 年年底，这件相隔多年的轶事却给法国惹出个大麻烦——卢森堡提出了"玫瑰花悬案"之索赔，要求法国政府从 1797 年起，用 3 个金路易作为一束花的本金，双五厘复利息（即利滚利）结算，全部清偿这笔玫瑰花债。

起初，法国政府认为玫瑰花索赔乃区区小事，但是，当财政部门官员看着从电子计算机里输出的数据时，不禁面面相觑，叫苦不迭。原本 3 个金路易的玫瑰花债核算的本息竟高达 1 375 596 法郎。经过一番苦思苦想，法国政府保证：今后，无论在精神上还是在物质上，法国将始终不渝地对卢森堡大公国中小学教育事业予以支持与赞助，来体现拿破仑将军一诺千金的玫瑰花信誓。

从本故事中可以看出，即使不考虑通货膨胀，等量货币在不同时点上的价值也不相等，且发生时间在前的货币比发生时间在后的等量货币价值大。随着时间推移，货币产生了价值增值，且时间越长，增值越多。

本项目以货币时间价值为出发点，让学生学习财务管理的时间价值观念和基本技能。

课堂笔记

任务一　计算货币时间价值

背景材料

东方公司准备对外承接理财咨询服务，现有意向培养财务部门的小李，为考察其是否适合理财咨询岗位，要求其完成以下任务：

（1）在单利计息方式下，若小李将现金 1 000 元存入银行，其期限为 5 年，年利率为 10%，则到期时的利息与本利和分别是多少？

（2）若小李希望 10 年后能从银行取出 10 000 元，在年利率为 2.5%，单利计息的情况下，目前应一次性存入银行的金额是多少？

（3）若小李将 20 000 元存放于银行，年存款利率为 6%，在复利计息的方式下，3 年后的本利和为多少？

（4）若公司准备在 5 年后动用一笔资金 100 000 元，用于更新设备，在银行复利、年利率为 10% 的条件下，现在应存入多少金额的资金？

（5）若小李每年年末在银行存入 10 000 元，连存 5 年，年利率是 10%，则 5 年满期后，小李可取出多少钱？

（6）若小李请银行代付今后 3 年的房屋物业费，每年年末付 10 000 元，若存款利率为 5%，则现在小李应在银行存入多少钱？

（7）小李爱好摄影，准备攒钱买专业相机，连续 6 年于每年年初存入银行 3 000 元，若年利率为 5%，则 6 年后小李的银行存款有多少钱？

（8）小李采用分期付款方式购商品房一套，每年年初付款 150 000 元，分 10 年付清。若银行利率为 6%，该项分期付款相当于一次现金支付的购价是多少？

（9）假设公司拟一次性投资开发某农庄，预计该农庄能存续 15 年，但前 5 年不会产生净收益，从第 6 年开始，每年年末产生净收益 5 万元。在考虑货币时间价值的情况下，若农庄的投资报酬率为 10%，则该农庄在存续期末给公司带来的累计收益是多少？

（10）公司现在考察某项目，已知该项目预计前 3 年年初无资金流入，后 5 年每年年初资金流入 500 万元，假设年利率为 10%，则该项目预计流入资金的现值为多少万元？

（11）公司现拟创立一项永久性的爱心基金，希望每年年末能从该基金中拿出 10 万元用于贫困学生的生活补助。若利率为 5%，则现在应存入多少钱？

学习任务

假设你是被考察的小李，请完成背景材料中的各项任务。

 任务目标

通过完成学习任务，理解货币时间价值的相关概念，掌握货币时间价值的计算，能够根据具体情况选取合适的方法正确计算货币时间价值。

相关知识

一、货币时间价值认知

（一）货币时间价值的含义

货币时间价值（或资金时间价值）是指货币经历一定时间的投资和再投资所增加的价值，是没有风险和没有通货膨胀条件下的社会平均资金利润率。

货币资金只有被当作资本投入生产和流通后才能发生增值，实质是货币在运动过程中形成的价值增值额。

等量的货币资金在不同时点上具有不同的价值，通俗地讲，就是今天的 1 元钱比明天的 1 元钱更值钱。

二维码1
货币时间价值
的含义

（二）货币时间价值的表现形式

货币时间价值可以用绝对数（利息额）和相对数（利息率）两种形式表示，一般是用相对数（利息率）表示。

从理论上讲，货币时间价值相当于没有风险、没有通货膨胀条件下的社会平均资金利润率。在实践中，如果通货膨胀率很低，可以用政府债券利率来表现货币时间价值。

二、货币时间价值计算

货币时间价值的计算涉及两组重要的概念——单利和复利、终值和现值。

单利和复利的区别是计息方式的不同。单利，是指在进行货币时间价值计算时，只有本金计算利息，利息不计算利息。复利，是指在进行货币时间价值计算时，除本金计算利息之外，每经过一个计息期所得到的利息也要计算利息，逐期滚算，俗称"利滚利"。

终值和现值是从不同时点表示货币的价值。终值又称将来值，是现在一定量资金在未来某一时点上的价值，俗称"本利和"。现值又称本金，是未来某一时点上的一定量资金折合到现在的价值。

货币时间价值的计算包括一次性收付款项和非一次性收付款项（年金）的终值和现值的计算。由于终值和现值的计算与利息的计算方法有关，而利息的计算又有单利和复利两种，因此，终值和现值的计算又分为单利和复利两种情况。在财务管理中，如果没有特别说明计息方式，一般按复利计息。

为了方便计算，通常用 P 表示现值，F 表示终值，i 表示利率（贴现率、折现率），n 表示计息期数，I 表示利息。

（一）一次性收付款项终值和现值的计算

1. 单利终值和现值的计算

1）单利的利息

$$I = P \times i \times n$$

2）单利的终值

$$F = P + P \times i \times n = P \times (1 + i \times n)$$

3）单利的现值

$$P = F \div (1 + i \times n)$$

可以看出，在单利计息的方式下，现值计算与终值计算是互逆的，由终值计算现值的过程称为贴现或折现。

2. 复利终值和现值的计算

1）复利终值

$$F = P \times (1 + i)^n$$

其中，$(1+i)^n$ 称为复利终值系数，用 $(F/P, i, n)$ 表示，其数值可通过查阅复利终值系数表获得。如 $(F/P, 6\%, 3)$ 表示利率为 6% 时 3 期的复利终值系数，在复利终值系数表上，$i = 6\%$ 这一列与 $n = 3$ 这一行的交叉点处数值 1.191 0 即为对应的系数值。

因此，复利终值的计算公式也可以写成：

$$F = P \times (F/P, i, n)$$

2）复利现值

$$P = F \div (1 + i)^n = F \times (1 + i)^{-n}$$

其中，$(1+i)^{-n}$ 称为复利现值系数，用 $(P/F, i, n)$ 表示，其数值可通过查阅复利现值系数表获得。如 $(P/F, 10\%, 5)$ 表示利率为 10% 时 5 期的复利现值系数，在复利现值系数表上，$i = 10\%$ 这一列与 $n = 5$ 这一行的交叉点处数值 0.620 9 即为对应的系数值。

因此，复利现值的计算公式也可以写成：

$$P = F \times (P/F, i, n)$$

由此可知，在复利计息的方式下，现值计算与终值计算也是互逆的，由终值计算现值的过程称为贴现或折现。

（二）年金终值和现值的计算

年金是在一定时期内每隔相同的时间（如一年）发生相同数额的系列款项，一般用 A 表示，如等额分期付款、折旧、保险费等。根据年金每次收支发生的时点不同，年金可分为四种形式，分别是普通年金、预付年金、递延年金和永续年金。在财务管理中，如果没有特别说明年金的形式，一般是指普通年金。

1. 普通年金终值和现值的计算

普通年金是指从第一期起，一定时期内每期期末等额的系列收支款项，又称后付年金。

1）普通年金终值的计算

普通年金的终值是指一定时期内每期期末等额的收支款项按复利计算的终值之和。

按照复利计算，普通年金终值公式为：

$$F = A \times \left[\frac{(1+i)^n - 1}{i} \right]$$

二维码2
普通年金终值的
详细计算过程

其中，$\left[\dfrac{(1+i)^n - 1}{i} \right]$ 称为年金终值系数，用 $(F/A, i, n)$ 表示，其数值可通过查阅年金终值系数表获得。如 $(F/A, 8\%, 4)$ 表示利率为 8% 时 4 期的年金终值系数，在年金终值系数表上，$i = 8\%$ 这一列与 $n = 4$ 这一行的交叉点处数值 4.506 1 即为对应的系数值。因此，普通年金终值的计算公式也可以写成：

$$F = A \times (F/A, i, n)$$

二维码3
年偿债基金
的计算

2）普通年金现值的计算

普通年金的现值是指一定时期内每期期末等额的收支款项按复利计算的现值之和。

按照复利计算，普通年金现值公式为：

$$P = A \times \left[\frac{1 - (1+i)^{-n}}{i} \right]$$

二维码4
普通年金现值的
详细计算过程

其中，$\left[\dfrac{1 - (1+i)^{-n}}{i} \right]$ 称为年金现值系数，用 $(P/A, i, n)$ 表示，其数值可通过查阅年金现值系数表获得。如 $(P/A, 5\%, 6)$ 表示利率为 5% 时 6 期的年金现值系数，在年金现值系数表上，$i = 5\%$ 这一列与 $n = 6$ 这一行的交叉点处数值 5.075 7 即为对应的系数值。

因此，普通年金现值的计算公式也可以写成：

$$P = A \times (P/A, i, n)$$

二维码5
年资本回收额
的计算

2. 预付年金终值和现值的计算

预付年金是指一定时期内每期期初等额的系列收支款项，又称先付年金或即付年金。

预付年金与普通年金的区别是款项的发生时点不同，普通年金发生在每期期末，而预付年金发生在每期期初。

1）预付年金终值的计算

预付年金的终值是指一定时期内每期期初等额的收支款项按复利计算的终值之和。

按照复利计算，预付年金终值公式为：

$$F = A \times \left[\frac{(1+i)^n - 1}{i} \right] \times (1+i)$$

或

$$\text{预付年金终值} \quad F = A \times \left[\frac{(1+i)^{n+1} - 1}{i} - 1 \right]$$

二维码6
预付年金终值的
详细计算

由普通年金终值的计算可知，$\left[\frac{(1+i)^n - 1}{i} \right]$ 是年金终值系数，用 $(F/A, i, n)$ 表示，因此，预付年金终值 $F = A \times (F/A, i, n) \times (1+i)$ 或 $F = A \times [(F/A, i, n+1) - 1]$，即预付年金终值可以等于普通年金终值乘以 $(1+i)$，也可以等于 $(n+1)$ 期普通年金终值系数减 1 后的差值再乘以 A。

2）预付年金现值的计算

预付年金的现值是指一定时期内每期期初等额的收支款项按复利计算的现值之和。

按照复利计算，预付年金现值公式为：

$$P = A \times \left[\frac{1 - (1+i)^{-n}}{i} \right] \times (1+i)$$

或

$$\text{预付年金现值} \quad P = A \times \left[\frac{1 - (1+i)^{-(n-1)}}{i} + 1 \right]$$

二维码7
预付年金现值的
详细计算

由普通年金现值的计算可知，$\left[\frac{1 - (1+i)^{-n}}{i} \right]$ 称为年金现值系数，用 $(P/A, i, n)$ 表示，因此，预付年金现值 $P = A \times (P/A, i, n) \times (1+i)$ 或 $P = A \times [(P/A, i, n-1) + 1]$，即预付年金现值可以等于普通年金现值乘以 $(1+i)$，也可以等于 $(n-1)$ 期普通年金现值系数加 1 后的和值再乘以 A。

3. 递延年金终值和现值的计算

递延年金是普通年金的特殊形式，是指一定时期内，第一次收付发生在第 $m+1$ 期（$m \geq 1$）期末的年金。递延年金的首次收付款项没有发生在第一期期末，而是发生在第 $m+1$ 期（$m \geq 1$）期末，并且在之后的连续 n 期内每期期末都发生等额的收付款项。

1）递延年金终值的计算

递延年金终值的计算与递延期 m 无关，只与连续支付期 n 有关，其计算方法与 n 期普通年金终值的计算方法一样。

因此，递延年金终值的计算公式为：

$$F = A \times (F/A, i, n)$$

2）递延年金现值的计算

由于递延年金涉及的期限是 $m + n$ 期，但是前 m 期无任何收付款项发生，后 n 期的每期期末才有等额的收付款项，所以递延年金的现值就是将 n 期的收付款项按复利折算到起点（第 1 期期初）处的价值之和。

二维码8
递延年金终值的
详细计算

递延年金现值的计算有三种方法：

（1）两次折现。递延年金现值的计算公式为：

$$P = A \times (P/A, i, n) \times (P/F, i, m)$$

（2）先终后现。递延年金现值的计算公式为：

$$P = A \times (F/A, i, n) \times (P/F, i, m + n)$$

（3）系数之差。递延年金现值的计算公式为：

$$P = A \times [(P/A, i, m + n) - (P/A, i, m)]$$

二维码9
递延年金现值的
详细计算过程

4. 永续年金现值的计算

永续年金也是一种特殊形式的普通年金，是指从第 1 期开始，在无限期内于每期期末发生的等额系列收付款项，又称为永久年金。

由于永续年金的特点是无限期收付，没有终点，所以永续年金没有终值，只有现值。

根据前面的推导，普通年金现值公式为：

$$P = A \times \left[\frac{1 - (1 + i)^{-n}}{i} \right]$$

当 $n \to +\infty$ 时：

$$P = \frac{A}{i}$$

所以，永续年金现值的计算公式为：

$$P = A/i$$

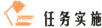 **任务实施**

扫码查看学习任务参考。

二维码10
学习任务参考

任务二　衡量风险与收益

背景材料

东方公司现有 A、B 两个投资项目可供选择。已知项目 A 的预期收益率为 60%，标准差为 15%；项目 B 的预期收益率为 8%，而标准差仅为 3%。在公司资金有限的情况下，需要均衡考虑风险和收益，确定最优投资项目。

学习任务

根据背景材料中的信息，从风险与收益均衡的角度考虑，你认为公司应该选择哪个项目进行投资？

任务目标

通过完成学习任务，明确风险与收益的相关概念，掌握单项资产风险与收益的衡量，做出正确的风险应对策略。

相关知识

一、风险的含义与分类

（一）风险的含义

二维码 11
风险含义的
详细阐述

风险是指在一定条件下或一定时期内，某一项行动具有多种可能而不确定的结果。

从财务管理的角度而言，风险就是企业在各项财务活动中由于各种难以预料或无法控制的因素作用，使得企业的实际收益与预期收益发生背离，从而蒙受经济损失的可能性。

风险不等于损失，虽然它确实会导致超出预期的损失，但也可以带来超出预期的收益。

（二）风险的种类

二维码 12
风险种类的
详细阐述

1. 市场风险

市场风险又称系统风险或不可分散风险，是指影响所有企业、涉及所有对象的风险，一般由企业的外部因素引起。

2. 企业特有风险

企业特有风险又称非系统风险或可分散风险，是指发生于个别企业的特有事项造成的风险，它只影响个别的企业，涉及个别的对象，可以通过多元化投资来分散。

根据风险形成的不同原因，企业特有风险可进一步分为经营风险和财务风险。

二、风险收益

收益是指资产的价值在一定时期内的增值。在没有风险情况下的收益称为无风险收益，由货币时间价值和通货膨胀补贴两部分组成。一般情况下，为了方便起见，通常用短期国库券的利率近似代替无风险收益率。在有风险情况下的收益称为风险收益，是指投资者冒险投资而获得的超过无风险收益的那部分额外收益，又称为风险报酬或风险价值。

风险收益有风险收益额和风险收益率两种表现形式。风险收益额是风险收益的绝对数形式，是投资者冒风险投资而获得的超过无风险收益额的那部分额外收益额。风险收益率是风险收益的相对数形式，是投资者冒风险投资而获得的超过无风险收益率的那部分额外收益率。

对于投资者而言，进行风险投资所要求或期望的投资收益率是由无风险收益率和风险收益率两部分之和组成的，即投资收益率 = 无风险收益率 + 风险收益率。所以，投资风险越大，投资者要求的投资收益率也越高。

三、单项资产收益与风险的衡量

（一）单项资产的预期收益率

数学中的期望值是一个概率分布中的所有可能结果，以各自相应的概率为权数计算的加权平均值，是加权平均的中心值。因此，为了在各种不确定因素的影响下反映预期收益的平均化，可以利用期望值的方法计算单项资产的预期收益率，即以各种可能结果出现的概率（P_i）为权数，计算各种可能结果下收益率（r_i）的加权平均数。

计算公式为：

$$\bar{E} = \sum_{i=1}^{n} r_i P_i$$

其中，$\bar{E}$ 表示预期收益率，r_i 表示各种可能结果下的收益率，P_i 表示各种可能结果出现的概率。

（二）单项资产的风险

由于离散程度是衡量风险大小的统计指标，所以单项资产风险的衡量可以借助反映离散程度的指标，主要包括方差、标准差、标准离差率。一般而言，离散程度越大，风险越大；离散程度越小，风险越小。

1. 方差和标准差

方差和标准差是一组衡量单项资产风险的绝对数指标。方差表示各种可能结果下的收益率与预期收益率之间的离散程度，用 σ^2 表示。标准差又称为标准离差，是方差的平方根，用 σ 表示。其计算公式如下：

$$\sigma^2 = \sum_{i=1}^{n} (r_i - \bar{E})^2 \times P_i$$

$$\sigma = \sqrt{\sum_{i=1}^{n} (r_i - \bar{E})^2 \times P_i}$$

方差和标准差都是从绝对量的角度衡量风险的大小，适用于预期收益相同的决策方案风险程度的比较。方差和标准差越大，风险越大；方差和标准差越小，风险也越小。

2. 标准离差率

方差和标准差只适用于预期收益相同的决策方案风险程度的比较，对于预期收益不相同的决策方案，评价和比较风险程度只能借助于相对数指标——标准离差率，即标准差与预期收益率的比率，用 CV 表示。

$$CV = \frac{\sigma}{\bar{E}}$$

其中，σ 表示标准差，$\bar{E}$ 表示预期收益率。

标准离差率是从相对量的角度衡量风险的大小，适用于预期收益不同的决策方案风险程度的比较。标准离差率越大，风险越大；标准离差率越小，风险也越小。

 任务实施

扫码查看学习任务参考。

二维码 13
学习任务参考

 素质培养

案例分析

二维码 14
案例分析

1973 年的银行老存单

2017 年，福建厦门市民陈女士手持一张 44 年前的银行老存单，奔赴各家银行提取存款，却始终得不到答案，似乎遇到了历史难题。这张老存单的抬头写着"中国人民银行整存整取定期储蓄存单"，存入日期是 1973 年 3 月 20 日，金额 1 200 元，定存期限一年，月息 2 厘 7 毫，存单右下角盖着公章。在中国人民银行厦门市中心支行的组织协调下，终于在农业银行厦门灌口支行找到了存款底单。这笔存单的利息计算涉及 1972 年、1980 年、1993 年的多次储蓄管理制度变革以及至少 16 次的利率调整，还要考虑到利息个人所得税的多次变化。经计算确认，在支取日这笔存单本息合计为 2 684.04 元，其中利息 1 484.04 元。

请分析：44 年前的 1 200 元是如何变成 2 684.04 元的？利息是如何计算的？

知识检测

一、单项选择题

1. 2020 年 1 月 1 日，甲公司租一层写字楼作为办公场所，租赁期限为 3 年，每年 12 月 31 日支付租金 10 万元，共支付 3 年，该项租金具有年金的特点，属于（　　）。

A. 普通年金　　　　B. 即付年金　　　　C. 递延年金　　　　D. 永续年金

2. 有一笔资金，从第一年年初开始，每年等额收到 1 000 元，一直到永远，$i = 10\%$，则这笔年金的现值为（　　）元。

A. 11 100　　　　B. 11 000　　　　C. 12 000　　　　D. 10 000

3. 企业在 4 年内每年年末存入银行 1 000 元，银行利率为 9%，那么，4 年后可从银行提取的款项额为（　　）元。

A. 3 000　　　　B. 1 270　　　　C. 3 240　　　　D. 4 573

4. 已知甲、乙两个方案投资收益率的期望值分别为 10% 和 12%，两个方案都存在投资风险，在比较甲、乙两个方案的风险大小时应采用的指标是（　　）。

A. 标准离差率　　　B. 标准差　　　　C. 协方差　　　　D. 方差

5. 投资风险中，非系统风险的特征是（　　）。

A. 不能被投资多样化所稀释

B. 不能消除，只能回避

C. 通过投资组合可以分散

D. 对各个投资者的影响程度相同

二、多项选择题

1. 每期期初收款或付款的年金称为（　　）。

A. 普通年金　　　　B. 即付年金　　　　C. 先付年金　　　　D. 递延年金

2. 年金按其每次收付发生的时点不同，可以分为（　　）。

A. 普通年金　　　　B. 即付年金　　　　C. 永续年金　　　　D. 递延年金

3. 下列属于预付年金现值系数的有（　　）。

A. $(P/A, i, n) \times (1 + i)$　　　　　　B. $(F/A, i, n) \times (1 + i)$

C. $(P/A, i, n - 1) + 1$　　　　　　　D. $(F/A, i, n + 1) - 1$

4. 非系统性风险又可称为（　　）。

A. 可分散风险　　　　　　　　　B. 不可分散风险

C. 公司特有风险　　　　　　　　D. 市场风险

5. 下列关于资金时间价值系数关系的表述中，正确的有（　　）。

A. 普通年金现值系数 × 投资回收系数 = 1

B. 普通年金终值系数 × 偿债基金系数 = 1

C. 普通年金现值系数 × (1 + 折现率) = 预付年金现值系数

D. 普通年金终值系数 × (1 + 折现率) = 预付年金终值系数

三、判断题

1. 在终值和计息期一定的情况下，贴现率越低，则复利现值越高。　　　　（　　）

2. 货币时间价值就是货币随着时间的推移发生的增值，即使货币放在保险柜里，也会发生增值。   （　　）

3. 必要收益率与投资者认识到的风险有关。如果某项资产的风险较低，那么投资者对该项资产要求的必要收益率就高。   （　　）

4. 永续年金终值的计算与普通年金终值相同。   （　　）

5. 单项资产的预期收益率就是各种可能结果下收益率的加权平均数，权数为各种可能结果出现的概率。   （　　）

二维码15
知识检测、技能
检测答案

技能检测

1. 某人准备第 1 年年末存入银行 1 万元，第 2 年年末存入银行 3 万元，第 3 年年末存入银行 4 万元，第 4 年年末存入银行 3 万元，第 5 年年末存入银行 5 万元，当存款利率为 3% 时，问第 5 年年末可取出多少钱？

2. 某企业融资租赁的租金在各年年末支付，租金支出表（付款额）如表 2 – 1 所示。假设折现率为 10%，问这些租金的现值是多少？

表 2 – 1　租金支出表　　　　　　　　　　　　　　　　　　　　元

年度末	1	2	3	4	5	6	7
付款额	30 000	30 000	30 000	20 000	20 000	20 000	10 000

3. 某学校拟建立一项永久性的奖学金，每年年末计划颁发 20 000 元奖学金。若利率为 10%，则现在应存入多少钱？

 总结评价

学生根据任务实施、素质培养的完成情况，对自己进行评价，并填写总结评价表如表 2 – 2 所示，对错误进行总结。

表 2 – 2　总结评价表

项目		等级评定	错题编号	对应知识点
任务实施	一			
	二			
案例分析				
知识检测				
技能检测				

注：等级评定为优秀、良好、一般、不及格。

中 篇
资金管理

筹资管理实务

 学习目标

知识目标

- 理解筹资管理的相关概念
- 熟悉企业的筹资渠道与方式
- 掌握财务管理杠杆原理、资本成本和资本结构的概念

技能目标

- 掌握资金需求量的预测方法
- 能够比较不同筹资方式的优劣势
- 熟练掌握各种资本成本的计算
- 掌握确定最佳资本结构的方法

素质目标

- 培养勤于思考、做事严谨的良好作风
- 培养良好的职业操守，树立成本节约意识

 案例引入

古代商业资本的筹集方式

　　筹集资本是商业活动的起点，资本使用的社会化程度在一定意义上显示了商业活动的发展水平。那么古代商人是如何筹措和集中资本的？

　　我国古代的信用大体有三种类型：一是私人信用，包括高利贷信用与商业信用；二是公共信用，即政府向百姓主要是富商借贷；三是公司信用，近似地说就是商人、手工业者等的合伙经营。在古代资金市场发展演变的历史进程中，生产、经营活动资金的筹措主要是以这三种形式进行的。与西方各国相比，中国古代的信用尽管未能孕育出近代的国债制度、近代股份公司制度及相应的股票交易制度、市场等，但也达到了相当高的发展水平，也不乏近代因素的萌芽。

　　现代企业的资金来源主要有两大类：权益性资金和债务性资金。

　　本项目要求学生在熟悉权益资本和债务资本的各种筹资方式的基础上，理解和掌握财务管理杠杆原理、资本成本和资本结构的概念，能够分析评价企业资本成本和资本结构的合理性，做出筹资决策。

课堂笔记

任务一　选择筹资方式

背景材料

　　东方公司拟对自身的资本结构进行优化，选取了两家和自身规模、业务类似的上市公司甲和乙进行参考，两家公司目前资产总额均为4亿元人民币。甲公司的资本结构：普通股3.2亿元，留存收益0.8亿元；乙公司的资本结构：普通股1.7亿元，留存收益0.8亿元，长期银行借款1亿元，公司债券0.5亿元。

学习任务

　　请你分析甲、乙公司资本筹集渠道与方式有何不同？你认为哪家公司的筹资方式最合理？

任务目标

　　通过完成学习任务，了解筹资的概念、原则以及分类，理解企业不同的筹资渠道、筹资方式，掌握股权筹资与债权筹资。

相关知识

一、筹资的含义

　　筹资是指企业根据其生产经营、投资和资本结构调整等需要，通过一定的筹资渠道，采取适当的筹资方式，经济有效地筹集企业所需资金的行为。企业通过一定的方式筹集资金，不仅是企业得以持续经营的前提条件，而且通过适当的筹资组合可以降低企业的资本成本，提高企业的价值。

二、筹资的原则

（1）遵守国家法律法规、合理筹集资金。

（2）分析企业生产经营情况，合理确定资金需求量。

（3）适时取得所筹集资金，保证资金使用的需要。

（4）认真选择资金来源，遵循成本节约原则。

（5）研究各种筹资方式，选择最佳资本结构。

三、筹资的类型

筹资根据不同的分类方式，可分为如下类型：

（1）按所筹资金的权益性质分为股权筹资与债权筹资。

（2）按是否以金融机构为媒介分为直接筹资和间接筹资。

（3）按筹集资金使用期限不同分为长期筹资和短期筹资。

二维码1
筹资的类型

四、筹资渠道与筹资方式

在企业筹集资金的过程中，企业可以选择不同的筹资渠道和筹资方式，这些渠道和方式各有不同的使用条件和特点。用不同的方式筹集资金的筹资成本是不同的，企业应该合理地选择筹资渠道与方式，降低企业的资本成本。

（一）筹资渠道

筹资渠道是指企业取得资金的来源，即资金从哪里来。目前我国企业的筹资渠道主要有以下几种：

1. 国家财政资金

这是国家以财政拨款或注资的方式投入企业的资金。这种融资渠道主要适用于国有企业。

2. 银行信贷资金

这是各商业银行贷给企业的资金，是企业非常重要的债务资金来源。

3. 非银行金融机构资金

非银行金融机构将社会闲散资金集中起来，向需要资金的企业提供借款，也是企业重要的债务资金来源。

4. 其他企业资金

企业有时会有闲置多余的资金，这些资金可以用于购买其他企业的股票或债券，将暂时不用的资金提供给需要资金的企业使用。

5. 居民的资金

随着居民收入水平的不断提高，居民的理财意识也日益增强，民间资金越来越多流向资本市场，逐渐成为企业筹资的重要渠道。

6. 企业的留存收益

当企业当年取得利润以后，可以留给企业使用，等以后取得更多的利润后一起分配给投资者。

7. 境外的资金

国外投资者及香港、澳门、台湾地区投资者投入的资金。

（二）筹资方式

筹资方式是指企业筹集资金的手段，即资金是如何取得的。目前，我国企业可以利用的筹资方式主要有以下几种：吸收直接投资、发行股票、利用留存收益、银行借款、发行债券、融资租赁、商业信用。其中，通过吸收直接投资、发行股票、利用留存收益筹集的资金属于企业的权益性资金；通过银行借款、发行债券、融资租赁、商业信用筹集的资金属于债务资金。

（三）筹资渠道与筹资方式的关系

企业的筹资渠道与筹资方式有着密切的关系，一定的筹资方式可能只适用于某一特定的筹资渠道，但是同一渠道的资金往往可采用不同的方式去取得。企业在进行筹资决策时，应寻求筹资渠道与筹资方式两者的合理配置。

五、股权筹资

（一）吸收直接投资

吸收直接投资是企业以协议或合同形式吸收国家、法人和个人直接投入资本，形成企业资本金的一种融资方式。

1. 吸收直接投资的种类

根据投资主体划分，吸收直接投资可分为吸收国家投资、吸收其他法人投资、吸收企业内部职工和其他居民个人投资以及吸收外商直接投资；根据出资的形式划分，吸收直接投资可分为吸收现金直接投资和吸收非现金直接投资。

2. 吸收直接投资的优缺点

1）吸收直接投资的优点

（1）有利于增强企业信誉。

（2）有利于尽快形成生产能力。

（3）筹资程序相对简单。

2）吸收直接投资的缺点

（1）吸收直接投资的成本较高。

（2）不利于产权交易。

（3）容易分散企业控制权。

（二）发行股票

1. 股票的含义

股票是股份公司为筹集自有资金而发行的有价证券，是公司签发的证明股东所持股份的凭证，它代表了股东对股份制公司的所有权。股票持有人即为公司的股东，股东作为出资人按投入公司的资本额享有获取投资收益、公司重大决策和选择管理者的权利，并以其所持股份为限对公司承担责任。

2. 股票的分类

（1）按股票的权利不同，股票可以分为普通股和优先股。

（2）按票面有无记名，股票可分为记名股票和不记名股票。

（3）按其认购对象不同，股票可分为国家股、法人股和个人股等。

（4）按发行对象和上市地区的不同，股票又可分为 A 股、B 股、H 股和 N 股等。

3. 发行股票筹资的优缺点

1）发行股票筹资的优点

（1）发行股票筹集的资金没有固定的到期日，是一项永久性的资金来源，不需要归还。

二维码2
股票

（2）发行股票筹资没有固定的股利负担，普通股股利支付与否以及支付多少，视公司有无盈利和经营需要而定，给公司带来的财务负担相对较小。优先股虽然支付固定的股利，但是也有一定的弹性。

（3）发行股票筹集的资本是公司最基本的资金来源，它反映了公司的实力，可作为其他方式筹资的基础，并能为债权提供保障，增强公司的举债能力。

2）发行股票筹资的缺点

（1）资本成本较高。

（2）可能会分散公司的控制权。

（3）信息披露成本比较高。

（三）留存收益筹资

1. 留存收益的含义

留存收益，又称保留盈余或保留利润，是指留存于企业的税后利润，包括盈余公积金与未分配利润两部分。它是普通股所代表的资本的增加额，可以用于未来股利的发放，亦可将其资本化，作为扩大再生产的资金来源。正是从这个意义上讲，可将留存收益作为一种筹资方式。

2. 留存收益筹资的优缺点

1）留存收益筹资的优点

（1）不发生实际的现金支出。

（2）保持企业举债能力。

（3）企业的控制权不受影响。

2）留存收益筹资的缺点

（1）筹资数额有限制。

（2）资金使用受制约。

六、债务筹资

（一）长期借款

长期借款是指从银行或其他金融机构和企业借入的，期限在一年以上的借款，它是企业长期负债的主要来源之一。企业筹集长期借款的主要来源包括银行、保险公司和信托投资公司等各种金融机构。

1. 长期借款的种类

（1）按提供贷款的机构分为政策银行贷款、商业银行贷款和非银行金融机构贷款。

（2）按有无抵押品作担保分为抵押贷款和信用贷款。

2. 长期借款筹资的优缺点

1）长期借款筹资的优点

（1）筹资速度快。

（2）资本成本较低。

（3）弹性较大。

（4）可以发挥财务杠杆的作用。

2）长期借款筹资的缺点

（1）筹资风险较高。

（2）限制条件较多。

（3）筹资数量有限。

（二）发行债券

1. 债券的含义

债券是发行者为筹集资金，向债权人发行的，在约定时间支付一定比例的利息，并在到期时偿还本金的一种有价证券。债券反映了发行者与持有者之间的债权债务关系。

债券包含的基本要素如下：

1）债券面值

债券面值是指债券的票面金额，代表发行人承诺在到期时偿还给债券持有人的金额。

2）债券票面利率

债券票面利率是债券发行者预计一年内向持有者支付的利息占票面金额的比率。通过债券面值和债券票面利率计算债券利息。票面利率与实际利率不同，实际利率是按复利计算的一年期利率，而债券利息的计算和支付方式可能采用复利或单利的形式，利息支付也可能一年一次或多次，或到期一次性还本付息，这也导致了债券的实际利率与票面利率不一致。

3）债券到期日

债券到期日是指偿还本金的日期，为了方便到期时归还本金，债券一般都会规定到期日。

2. 债券的类型

债券按照不同的分类标准可以分为如下类型：

1）按照发行主体分类

按照债券的发行主体不同，债券可以分为政府债券、地方政府债券、公司债券和国际债券。

2）按照利率是否固定分类

按照利率是否固定分类，债券可以分为固定利率债券和浮动利率债券。

3）按照能否上市流通分类

按照债券能否上市流通分类，债券可以分为上市债券和非上市债券。上市债券可以在证券交易所挂牌交易，信用度高，变现速度较快，容易吸引投资者，但是上市条件严格，且需承担上市费用。

4）按照期限长短分类

按照期限长短分类，债券可以分为短期债券、中期债券和长期债券。

5）按照是否记名分类

按照债券是否记有持券人的姓名或名称分类，债券可以分为记名债券和无记名债券。

6）按照能否转换为股票分类

按照债券能否转换为股票分类，债券可以分为可转换债券和不可转换债券。可转换债券能够在满足一定条件下转换为本公司的股票，但债券利率通常低于不可转换债券。

3. 债券发行价格的确定

公司债券的发行价格通常有三种：平价、溢价和折价。

（1）平价指以债券的票面金额为发行价格。

（2）溢价指以高出债券票面金额的价格为发行价格。

（3）折价指以低于债券票面金额的价格为发行价格。

二维码3
发行债券

4. 发行债券筹资的优缺点

1）发行债券筹资的优点

（1）资本成本较低。

（2）能获得财务杠杆利益。

（3）能保障所有者对企业的控制权。

2）发行债券筹资的缺点

（1）财务风险较高。

（2）限制条件较多。

（三）融资租赁

租赁是出租人与承租人签订契约或合同，约定在一定期限内，出租人将其资产的占有权与使用权租借给承租人，并向承租人收取租金的一种经济行为。

1. 租赁的种类

1）经营租赁

经营租赁，又称营运租赁、服务租赁或业务租赁，是指由出租人向承租人提供租用资产，并承担其维修保养、人员培训等专门技术服务的租赁方式。

2）融资租赁

融资租赁，亦称为资本租赁、财务租赁，是指由出租人按照承租人的要求，出资购入预定的资产，然后租给承租人长期使用的租赁方式。融资租赁与经营租赁的区别如表 3-1 所示。

表 3-1　融资租赁与经营租赁的区别

项目	融资租赁	经营租赁
租赁程序	出租的设备由承租企业提出要求购买或由承租企业直接从制造商或销售商那里选定	出租的设备由租赁公司根据市场需要选定，然后再寻找承租企业
租赁期限	融资租赁的租赁期较长，接近于资产的有效使用期	经营租赁期较短，短于资产的有效使用期
设备维修、保养的责任	融资租赁由承租方负责	经营租赁由租赁公司负责
租赁期满后设备处置方法	企业以很少的"名义货价"（相当于设备残值的市场售价）留购	承租资产由租赁公司收回
租赁的实质	将与资产所有权有关的全部风险和报酬转移给了承租人	没有转移与资产所有权有关的全部风险和报酬

2. 融资租赁的形式

从出资人角度，按其所出租资产的投资来源不同，将融资租赁分为直接租赁、售后回租和杠杆租赁三种。

3. 融资租赁筹资的优缺点

1）融资租赁筹资的优点

（1）能转嫁所有权风险。

（2）避免借款筹资或发行债券筹资对生产经营的种种限制，使得公司的筹资与理财富有弹性。

（3）租金分期支付，且全部可以节税。

（4）可迅速获得资产的使用权。

2）融资租赁筹资的缺点

（1）资本成本较高。

（2）增加固定的债务。

（3）不利于资产的改良。

二维码 4
融资租赁

（四）商业信用

1. 商业信用的含义及形式

商业信用是指商品交易中，以延期付款或预收货款进行购销活动而形成的借贷关系，是企业间的直接信用行为。商业信用筹资是一种形式多样、范围广泛的短期资金筹措方式，常见的形式有以下几种：

1）应付账款

应付账款是企业购买货物暂未付款而欠对方的款项，即卖方允许买方在购货后一定时期内支付货款的一种形式。卖方利用这种方式促销，而对买方来说，延期付款则等于向卖方借用资金购进商品，可以满足短期的资金需要。

2）预收货款

预收货款是卖方企业在交付货物之前向买方预先收取部分或全部货款的信用形式。对于卖方来讲，预收货款相当于向买方借用资金后用货物抵偿。购买单位对于紧俏商品愿意采取预付账款的形式，以便顺利地获得所需商品。

3）应付票据

应付票据是企业进行延期付款商品交易时开具的反映债权债务关系的票据。应付票据分为商业承兑汇票和银行承兑汇票两种，支付期一般不超过 6 个月。

2. 商业信用成本的计算及决策

在采用商业信用形式销售商品时，为鼓励购买单位尽早付款，销售单位往往都规定一些信用条件。信用条件主要包括现金折扣和信用期限两部分，如 "2/10，n/30" 表示在开票之日起 10 天内付款，可享受 2% 的现金折扣，如果放弃，则全部货款 30 天付清。如果销货单位提供了现金折扣，购买单位应尽量争取获得此项折扣，因为丧失现金折扣的机会成本很高。放弃现金折扣的成本计算公式如下：

$$放弃现金折扣的成本 = \frac{现金折扣率}{1 - 现金折扣率} \times \frac{360}{信用期 - 折扣期}$$

在 "2/10，n/30" 的信用条件中，如果购货企业不是在前 10 天付款，而是在第 30 天付款，则该企业放弃现金折扣成本为：

$$放弃现金折扣的成本 = \frac{2\%}{1 - 2\%} \times \frac{360}{20} = 36.73\%$$

该成本是企业是否享受现金折扣的决策依据。它需要将放弃现金折扣的成本利率与银行借款年利率进行比较，如果成本利率大于银行借款利率，则企业放弃现金折扣机会的代价较大，从而对企业不利。如果能以低于放弃现金折扣的机会成本的利率借入资金，便应在现金折扣期内用借入的资金支付货款，享受现金折扣。比如，与上例同期的银行短期借款年利率为 12%，则买方企业应利用更便宜的银行借款在折扣期内偿还应付账款，反之，企业应放弃现金折扣。

3. 商业信用筹资的优缺点

商业信用筹资的优点为筹资方便，限制条件少，资本成本低；缺点主要是筹资期限短，风险较大。

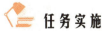 **任务实施**

扫码查看学习任务参考。

二维码 5
学习任务参考

任务二　筹资规模管理

背景材料

【材料一】　东方公司 2019 年销售收入为 20 000 万元，销售净利润率为 12%，净利润的 60% 分配给投资者。2019 年 12 月 31 日的资产负债表（简表）如表 3 – 2 所示。

表 3 – 2　资产负债表　　　　　　　万元

资产	期末余额	负债及所有者权益	期末余额
货币资金	1 000	应付账款	1 000
应收账款	3 000	应付票据	2 000
存货	6 000	长期借款	9 000
固定资产	7 000	实收资本	4 000
无形资产	1 000	留存收益	2 000
资产总计	18 000	负债与所有者权益总计	18 000

该公司 2020 年计划销售收入比上年增长 30%，为实现这一目标，公司需新增设备一台，价值 148 万元。据历年财务数据分析，公司流动资产与流动负债随销售额同比例增减。假定该公司 2020 年的销售净利率和利润分配政策与上年保持一致。

任务：

(1) 计算 2020 年东方公司需增加的资金数额。

(2) 预测 2020 年东方公司的对外筹资需要量。

【材料二】　阳光公司是东方公司的子公司，2015—2019 年的销售额和总资金占用情况如表 3 – 3 所示。2020 年预计销售额为 85 万元。

表 3 – 3　阳光公司 2015—2019 年的销售额和总资金占用情况　　　万元

年度	销售额（X）	总资金占用额（Y）
2015	55	400
2016	50	380
2017	65	450
2018	70	470
2019	60	410

任务：预测 2020 年阳光公司的资金需要量。

学习任务

请你完成背景材料中材料一和材料二的任务。

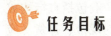 **任务目标**

通过完成学习任务，了解筹资规模预测的基本方法，掌握销售百分比法和资金习性预测法。

 相关知识

资金需要量是企业为达到生产经营的预期目标所需的资金数额，必须科学合理地加以预测。资金需要量预测是筹资决策的前提，常用方法有销售百分比法、资金习性预测法等。

一、销售百分比法

1. 销售百分比法的含义

销售百分比法是指以资金与销售的比率为基础，预测未来短期资金需要量的方法。该种方法有两个基本假设：一是企业的部分资产和负债与销售额同比例变化；二是企业各项资产、负债与所有者权益结构已达到最优。

2. 运用销售百分比法的基本步骤

（1）预计销售收入增长率。

（2）分析基期资产负债表中各个项目与销售收入总额之间的依存关系，划分敏感项目与非敏感项目。在资产负债表中，有一些项目金额会因销售额的增长而相应地增加，通常将这些项目称为敏感项目，包括货币资金、应收账款、存货、应付账款、应付费用和其他应付款等。与敏感项目相对应的属于非敏感项目，如对外投资、固定资产净值、长期负债和实收资本等，它们在短期内都不会随销售额的变化而改变。

（3）计算销售百分比。

（4）确定需要增加的资金数额。

（5）根据有关财务指标的约束条件，确定对外筹资需要量。

对外筹资需要量也可以利用以下公式计算：

$$对外筹资需要量 = \frac{\Delta S}{S_1}(A - B) - P \cdot E \cdot S_2$$

式中：A 为随销售变化的资产（敏感资产）；B 为随销售变化的负债（敏感负债）；S_1 为基期销售额；S_2 为预测期销售额；ΔS 为销售的变动额；P 为销售净利率；E 为留存收益比率。

二、资金习性预测法

资金习性，是指资金的变动同产销量变动之间的依存关系。资金习性预测法就是根据资金习性预测未来资金需要量的一种方法。按照资金同产销量之间的依存关系，可以把资金区分为不变资金、变动资金、半变动资金。

不变资金是指在一定的产销量范围内，不受产销量变动的影响而保持固定不变的那部分资金。这部分资金一般包括为维持营业而占用的最低数额的现金，原材料的保险储备，厂房、机器设备等固定资产占用的资金。

变动资金是指随产销量的变动而同比例变动的那部分资金。它一般包括直接构成产品实体的原材料、外购件等占用的资金。另外，在最低储备以外的现金、存货、应收账款等也具有变动资金的性质。

半变动资金是指虽然受产销量变化的影响，但不成同比例变动的资金，如一些辅助材料上占用的资金。半变动资金也可采用一定的方法划分为不变资金和变动资金两部分。

把企业的总资金划分为不变资金和变动资金，然后再进行资金需求量预测。主要有以下两种形式：高低点法和回归直线法。

无论采用哪种方法，其关键是建立适当的线性方程作为数学模型。

模型形式：

$$Y = a + bX$$

式中：Y 为资金需要量，X 为预计销售额，a 为不变资金总额，b 为单位可变资金。

1. 高低点法

选择历年销售额的最高点和最低点及对应的资金占用量建立二元一次方程组求得 a、b 的方法。

计算公式为：

$$a = 最高收入期资金占用量 - b \times 最高销售收入$$

或

$$a = 最低收入期资金占用量 - b \times 最低销售收入$$

2. 回归直线法

应用数学上最小平方法的原理来确定同 $Y = a + bX$ 直线方程中 X（自变量）与 Y（因变量）之间具有误差平方和最小的一条直线。这条直线称为回归直线，其中 a 与 b 的值可按下列公式计算。计算公式为：

$$a = \frac{\sum Y - b \sum X}{n}$$

$$b = \frac{n \sum XY - \sum X \sum Y}{n \sum X^2 - \left(\sum X\right)^2}$$

如果企业历年的产品成本忽高忽低，变动幅度较大时，采用此法较为准确。

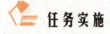 **任务实施**

扫码查看学习任务参考。

二维码 6

学习任务参考

任务三　筹资成本管理

背景材料

东方公司要在 2020 年更新改造机器设备，拟筹资 4 000 万元，准备从以下三种方案中选择一种筹集资金，企业所得税税率为 25%。

（1）从银行取得三年期长期借款 1 000 万元，手续费率为 3%，年利率 12%，每年结息一次，到期一次还本；同时按面值发行债券 2 000 万元，债券年利率为 12%，发行费用占发行总额的 4%；并发行普通股筹资 1 000 万元，每股面值 1 元，发行价格为每股 4 元，预计下一年股利为每股 0.5 元，今后每年固定增长 5%，发行费为筹资总额的 2%。

（2）全部采用留存收益筹集所需的 4 000 万元。

（3）全部采用发行优先股的方式筹集所需的 4 000 万元，每股发行价格为 6 元，发行费用为 0.4 元，预计年支付股利为每股 0.8 元。

学习任务

假如你是公司的财务经理，请你计算背景材料中东方公司三种筹资方案的资本成本，并选择最合适的方案。

任务目标

通过完成学习任务，理解资本成本的概念及构成，掌握个别资本成本及综合资本成本的计算。

相关知识

一、资本成本的概念

资本成本，又称资金成本，是指企业为筹集和使用资金所付出的代价。资本成本包括筹资费用和用资费用两部分。筹资费用是指企业在筹集资本的活动中为获得资本而付出的费用，如发行债券、股票支付的费用以及借款的手续费等。用资费用是指企业因使用资本而付出的费用，主要指利息、股利等。从投资者的角度看，资本成本是投资者进行投资所要求的必要报酬或最低报酬。

资本成本可以用绝对数来表示，也可用相对数来表示。但在财务管理中，一般用相对数来表示，计算公式为：

$$资本成本率 = \frac{资金使用费用}{筹资净额} \times 100\%$$

$$= \frac{资金使用费用}{筹资总额 - 筹资费用} \times 100\%$$

二、资本成本的作用

（1）资本成本是拟定筹资方案的依据。

（2）资本成本是评价投资方案的经济标准。

（3）资本成本是企业评价绩效的依据。

三、个别资本成本的计算方法

（一）长期借款资本成本

长期借款资本成本包括借款利息和筹资手续费两部分。借款的利息具有减税效应。长期借款资本成本的计算公式为：

$$K_1 = \frac{I_1(1-T)}{P_1(1-f_1)} = \frac{i_1(1-T)}{1-f_1}$$

式中：K_1 为长期借款资本成本率，I_1 为长期借款年利息，T 为所得税税率，P_1 为长期借款筹资总额（借款本金），f_1 为长期借款筹资费用率，i_1 为长期借款利息率。

（二）长期债券资本成本

企业发行债券的成本主要包括债券利息和筹资费用。长期债券资本成本的计算公式为：

$$K_b = \frac{I_b(1-T)}{B_0(1-f_b)} = \frac{i_b \cdot B(1-T)}{B_0(1-f_b)}$$

式中：K_b 为债券资本成本，I_b 为债券年利息，T 为企业所得税税率，i_b 为债券票面利率，B 为债券面值，B_0 为债券筹资额，即发行价格，f_b 为债券筹资费用率。

（三）优先股资本成本

优先股资本成本属于权益成本。其成本主要是发行优先股支付的发行费用和优先股股利。由于优先股是税后支付，所以不具有减税作用。因此，优先股资本成本的计算公式为：

$$K_P = \frac{D_P}{P_P(1-f_P)}$$

式中：K_p 为优先股的资本成本，D_p 为每年支付的优先股股利，P_p 为优先股的筹资额，f_p 为优先股的筹资费用率。

（四）普通股资本成本

普通股资本成本计算较为复杂。许多公司的普通股股利都是不断增加的，假设普通股股利年增长率为 g，则普通股资本成本的计算公式为：

$$K_c = \frac{D_1}{P_c(1-f_c)} + g = \frac{D_0(1+g)}{P_c(1-f_c)} + g$$

式中：K_c 为普通股的资本成本，D_1 为第一年支付的普通股股利，P_c 为普通股的筹资额，g 为年股利增长率，f_c 为普通股的筹资费用率，D_0 为当前股利。

（五）留存收益资本成本

留存收益资本成本的计算与普通股基本相同，但不用考虑筹资费用。留存收益资本成本的计算公式为：

$$K_e = \frac{D_1}{P_c} + g$$

式中：K_e 为留存收益的资本成本，D_1 为第一年支付的普通股股利，P_c 为普通股的市场价格，g 为年股利增长率。

四、综合资本成本的计算

企业往往通过多种方式筹集资金，为此，筹资决策就要确定全部长期资金的加权平均资本成本。加权平均资本成本（又称综合资本成本，简称 $WACC$）一般是以各种资本占全部资本的比例为权重，对个别资本成本进行加权平均确定的。其计算公式为：

$$K_w = \sum_{j=1}^{n} K_j W_j$$

式中：K_w 为加权平均资本成本，K_j 为第 j 种资本成本，W_j 为第 j 种资本占全部长期资本的比重。

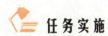 **任务实施**

扫码查看学习任务参考。

二维码 8
学习任务参考

任务四　杠杆效应运用

课堂笔记

 背景材料

为分析杠杆效应，东方公司的财务经理找来以下信息：公司固定成本总额为 800 万元，单位变动成本为 6 元，产品的销售单价为 10 元。每年的债务利息为 150 万元，发行在外的普通股数量为 100 万股，公司所得税税率为 25%。2017—2019 年的产销量分别为 240 万件、260 万件、320 万件。

学习任务

请你根据背景材料中东方公司的信息，为该公司填写经营杠杆利益分析表和财务杠杆利益分析表如表 3-4、表 3-5 所示，并计算该公司 2018 年、2019 年的经营杠杆系数、财务杠杆系数。

表 3-4　经营杠杆利益分析表

项目	2017 年	2018 年	2019 年
产销量/万件			
销售额/万元			
变动成本/元			
边际贡献/万元			
固定成本/万元			
息税前利润/万元			

表 3-5　财务杠杆利益分析表　　　　　　　　　　　　　　万元

项目	2017 年	2018 年	2019 年
息税前利润			
债务利息			
税前利润			
所得税			
税后利润			
每股收益			

 任务目标

通过完成学习任务，理解经营杠杆、财务杠杆和总杠杆的相关概念，掌握三种杠杆系数的计算方法。

相关知识

一、杠杆效应

在财务管理中，杠杆效应是由于存在固定费用（包括固定的经营费用和固定的财务费用），当业务量发生较小变化时，导致息税前利润或每股收益产生较大幅度变化的经济现象。根据不同的固定性费用，企业的杠杆效应可分为经营杠杆效应和财务杠杆效应。

二、经营杠杆效应

（一）经营风险

1. 经营风险的含义

经营风险是指由于商品经营上的原因给公司的收益（指息税前利润，EBIT）带来的不确定性。经营风险可以用经营杠杆系数衡量。经营风险是决定资本结构的重要因素。经营风险的大小因具体行业、具体企业以及具体时期而异。

2. 影响企业经营风险的因素

（1）产品需求。

（2）销售价格。

（3）成本水平。

（4）调整价格的能力。

（5）开发新产品的能力。

（6）固定成本。

（二）经营杠杆

经营杠杆（Operating Leverage）就是由于固定成本的存在而导致的息税前利润的变动率大于销售量变动率的经济现象。在企业一定的经营规模内，变动成本随着营业总额的增加而增加，固定成本则不因产销量的增加而增加，而是保持固定不变，随着产销量的增加，单位产销量所负担的固定成本会相对减少，从而给企业带来额外的利润，这称为经营杠杆利益。当然，经营杠杆是一把双刃剑，当产销量下降时，息税前利润下降得更快，从而给企业带来经营杠杆损失。

经营杠杆作用的大小可用经营杠杆系数（DOL）来衡量。经营杠杆系数，又称经营杠杆率，是指息税前利润变动率相当于产销业务量变动率的倍数。一般而言，经营杠杆系数越大，经营风险越大。经营杠杆系数的计算公式为：

$$DOL = \frac{\Delta EBIT/EBIT}{\Delta Q/Q} = \frac{\Delta EBIT/EBIT}{\Delta S/S}$$

式中：DOL 为经营杠杆系数，EBIT 为变动前的息税前利润，ΔEBIT 为息税前利润的变动额，Q 为变动前的销量，ΔQ 为销量的变动数，S 为变动前的销售额，ΔS 为销售收入的变动额。

通过推导可将上述公式简化为（推导过程略）：

$$DOL = \frac{\text{基期边际贡献}}{\text{基期边际贡献} - \text{基期固定成本}}$$

三、财务杠杆效应

（一）财务风险

财务风险是指由于企业决定通过债务筹资而给公司的普通股股东增加的风险，包括丧失偿债能力的可能性和股东每股收益的不确定性。企业增加固定成本筹资的比例时，固定的现金流出量就会增加，丧失偿债能力的可能性也会增加。

（二）财务杠杆

财务杠杆（Financial Leverage）是指企业在筹资活动中对资本成本固定的债务资金和优先股的利用。债务利息和优先股股利通常不会随着企业息税前利润的变动而变动。当息税前利润增大时，每1元盈余所负担的固定财务费用就会相对减少，普通股的盈余会大幅度增加，给普通股股东带来财务杠杆利益；反之，当息税前利润减少时，每1元盈余所负担的固定财务费用就会相对增加，普通股的盈余会大幅度减少，造成财务杠杆损失。这种由于债务和优先股的存在而导致普通股股东权益变动大于息税前利润变动的杠杆效应，称为财务杠杆作用。

财务杠杆作用的大小用财务杠杆系数（DFL）来衡量。所谓财务杠杆系数，又称财务杠杆率，是指普通股每股收益的变动率相当于息税前利润变动率的倍数。一般而言，财务杠杆系数越大，财务风险就越高。财务杠杆系数的计算公式为：

$$DFL = \frac{\Delta EPS/EPS}{\Delta EBIT/EBIT}$$

式中：DFL 为财务杠杆系数，EPS 为变动前的普通股每股收益，ΔEPS 为普通股每股收益变动额。

通过推导可将上述公式简化为（推导过程略）：

$$DFL = \frac{EBIT}{EBIT - I} = \frac{\text{基期息税前利润}}{\text{基期息税前利润 – 基期利息}}$$

四、总杠杆

公司总风险，又称综合风险或复合风险，是指经营风险和财务风险之和。总风险分析通常用总杠杆来衡量。将经营杠杆和财务杠杆联合在一起，就是总杠杆（Total Leverage），又称为联合杠杆或复合杠杆。两种杠杆共同作用的结果是，销售额稍有变动，就会使每股收益产生更大的变动。这种由于固定生产经营成本和固定财务费用的共同存在而导致的每股收益变动大于产销业务量变动的数量化衡量指标就是总杠杆系数（DTL）。总杠杆系数等于经营杠杆系数与财务杠杆系数之积。一般而言，总杠杆系数越大，总风险就越大。

总杠杆系数的计算公式为：

$$DTL = DOL \cdot DFL = \frac{\Delta EPS/EPS}{\Delta Q/Q}$$

通过推导可将上述公式简化为（推导过程略）：

$$DTL = \frac{M}{EBIT - I} = \frac{\text{基期边际贡献}}{\text{基期息税前利润 – 基期利息}}$$

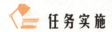 **任务实施**

扫码查看学习任务参考。

二维码9
学习任务参考

任务五 优化资本结构

课堂笔记

 背景材料

东方公司原有资本总额为1 000万元，其中，年利率为10%的长期债券400万元，普通股600万元（60万股）。现拟追加筹资500万元，有以下2种方案可供选择：

（1）发行长期债券500万元，年利率为12%；

（2）发行长期债券300万元，年利率12%，发行普通股200万元（20万股）。

公司预计2020年息税前利润为180万元，企业所得税税率为25%。

 学习任务

请你根据背景材料中东方公司的资本结构信息，比较资本成本，计算每股收益无差别点，为该公司选择最佳的筹资方案。

 任务目标

通过完成学习任务，理解资本结构以及最优资本结构的概念，利用比较资本成本法和每股收益无差别点法确定最优资本结构。

 相关知识

一、资本结构

1. 资本结构的含义

资本结构的概念有广义和狭义之分。广义的资本结构，又称财务结构，是指企业全部资本的构成及其比例关系。通常所指的资本结构是指狭义的资本结构，即企业长期资本（包括长期负债与所有者权益）的构成及其比例关系，它表明一个企业长期性的筹资项目，可以长期地、稳定地使用的各种资本及其相互之间的比例关系状况，短期资金作为营运资金的一部分进行管理。

2. 影响企业资本结构的因素

（1）企业的财务状况和信用等级。

（2）企业的资产结构。

（3）产品的销售状况。

（4）投资者和管理人员的态度。

（5）政府的财税政策和货币金融政策。

此外，企业规模、经营周期、理财能力、行业因素、政府税收、法律限制、利率水平、国别差异等，也是资本结构决策考虑的因素。

二、最佳资本结构

1. 最佳资本结构的含义

所谓最佳资本结构，是指企业在适度财务风险的条件下，使其预期的加权平均资本成本最低，同时使企业价值最大的资本结构。不同企业的最佳负债比例不同，但最佳资本结构可以用统一的标准来衡量。

2. 最佳资本结构的确定标准

（1）加权平均资本成本最低。

（2）普通股每股收益最高。

（3）财务风险适度。

（4）股票市价和企业总体价值最大。

三、资本结构决策方法

常用的资本结构决策方法主要有比较资本成本法和每股收益无差别点法。

（一）比较资本成本法

1. 比较资本成法的含义

比较资本成本法是指通过测算不同资本结构的综合资本成本（加权平均资本成本），以综合资本成本最低为标准确定最佳资本结构的方法。比较资本成本法计算简单，是确定最佳资本结构的一种常用方法，但因其所拟方案数量有限，因此可能会漏掉最佳方案。

2. 比较资本成本法的决策步骤

（1）确定各方案的资本结构。

（2）确定各结构的加权资本成本。

（3）进行比较，选择加权资本成本最低的结构为最佳资本结构。

（二）每股收益无差别点法

每股收益无差别点法，又称 $EBIT-EPS$ 分析法。每股收益无差别点法的核心是确定每股收益无差别点，即使不同筹资方案下每股收益（EPS）相等时的息税前利润（$EBIT$）。每股收益无差别点有助于判断选择高或低债务比例筹资方案的 $EBIT$ 取值范围，并以此安排和调整资本结构。

每股收益无差别点法较易理解，计算过程较为简单，但没有考虑财务风险的因素。可用于资本规模不大，资本结构不太复杂的股份公司。

每股收益无差别点的计算公式为：

$$EPS = \frac{(EBIT - I)(1 - T) - D_P}{N}$$

式中：I 为利息；T 为所得税税率；N 为流通在外的普通股股数；D_p 为优先股股利。

假设有两个方案，分别为方案 1 和方案 2，则其每股收益分别为：

$$EPS_1 = \frac{(EBIT_1 - I_1)(1 - T) - D_{p1}}{N_1}$$

$$EPS_2 = \frac{(EBIT_2 - I_2)(1 - T) - D_{p2}}{N_2}$$

则每股收益无差别点应为满足下列条件的息税前利润（$EBIT^*$）：

$$\frac{(EBIT^* - I_1)(1 - T) - D_{p1}}{N_1} = \frac{(EBIT^* - I_2)(1 - T) - D_{p2}}{N_2}$$

若企业预计息税前利润大于无差别点息税前利润，则应该选择债务比例较高的筹资方案；反之，则应选择债务比例较低的筹资方案。

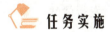

任务实施

扫码查看学习任务参考。

二维码 10
学习任务参考

素质培养

案例分析

中兴公司经营杠杆与财务杠杆的优化组合

二维码 11
案例分析

中兴通讯公司成立于 1985 年，是国内领先、世界知名的通信设备制造商。1997年在深圳证券交易所上市，2004 年在香港联交所上市。2013 年以来，公司致力于 5G 的创新性研究，发展空间极为广阔。

中兴通讯公司自 1985 年成立至今，有着 30 多年的风雨历程，经历了商海沉浮中的大起大落，公司运营状况的起伏变化，与公司经营杠杆和财务杠杆组合的协调程度有着密切的联系。总体上来说，从 2008 年到 2017 年，中兴通讯的经营杠杆系数表现为上升趋势，而与之相配的财务杠杆系数由 2008 年的 1.58 减少到 2017 年的 1.16，总体呈下降倾向，经济杠杆系数和财务杠杆系数的反向搭配，说明两大杠杆组合向着合理化方面演变。但从各年的情况看，两大杠杆的组合情况并不尽如人意。特别在公司经营业绩波动明显、经营杠杆和经营风险较大的年份，财务杠杆的调整显得有些滞后，两大杠杆一定程度的"错配"情况一直存在。尤其是2012年经营杠杆系数最高，营业收入和净利润纷纷下降，销售成本上升，而财务杠杆系数虽然出现了一定程度的下降，但降低幅度明显不够。2016年经营杠杆系数最低，财务杠杆的调整幅度还是偏小。

中兴通讯面临资产负债率偏高、通信设备制造业技术更新换代较快、国际竞争日益激烈等问题，虽然积极研发5G技术，但是对于芯片技术的研发能力不强，经营风险不容小觑。如果经营杠杆和财务杠杆没有控制在合理的范围内，则会影响公司的稳健经营。企业处在成长期这个阶段，应该努力降低经营杠杆系数，减少经营风险，增强企业财务杠杆对经营杠杆的适应性，实行更加稳健的财务政策。

请分析：公司应该做出哪些努力来改善经营杠杆和财务杠杆的搭配组合问题？

知识检测

一、单项选择题

1. 下列不属于企业筹资渠道的是（　　）。

A. 国家资金　　　　B. 银行借款　　　　C. 购买股票　　　　D. 发行债券

2. 下列不属于筹资方式的是（　　）。

A. 国家财政资金　　　　　　　　B. 发行股票

C. 银行借款　　　　　　　　　　D. 商业信用

3. 下列不属于企业内部资金的是（　　）。

A. 盈余公积金　　　　　　　　　B. 未分配利润

C. 发行债券　　　　　　　　　　D. 更新改造资金

4. 下列不属于权益资金筹资方式的是（　　）。

A. 发行股票　　　　　　　　　　B. 发行债券

C. 留存收益　　　　　　　　　　D. 吸收直接投资

5. 相对于股票筹资而言，银行借款的缺点是（　　）。

A. 筹资速度慢　　　　　　　　　B. 筹资成本高

C. 筹资限制少　　　　　　　　　D. 财务风险大

6. 下列各项中，可用来筹集短期资金的筹资方式是（　　）。

A. 吸收直接投资　　　　　　　　B. 发行股票

C. 发行长期债券　　　　　　　　D. 利用商业信用

7. 能在规定的时间内按规定的价格或比例转换为普通股的债券称为（　　）。

A. 记名债券　　　　　　　　　　B. 抵押债券

C. 可转换债券　　　　　　　　　D. 不可转换债券

8. 当债券的票面利率大于市场利率时，债券应（　　）。

A. 等价发行　　　　B. 折价发行　　　　C. 溢价发行　　　　D. 平价发行

9. 某企业规定的信用条件是"2/10，1/20，n/30"。某客户从该企业购买100 000

元的材料，并于第 19 天付款，则该客户实际支付的货款是（　　）元。

A. 97 000　　　　　B. 98 000　　　　　C. 99 000　　　　　D. 100 000

二、多选题

1. 下列属于筹资渠道的是（　　）。

A. 其他法人资金　　　　　　　　B. 企业内部资金

C. 外商资金　　　　　　　　　　D. 国家财政资金

2. 下列属于筹资方式的是（　　）。

A. 吸收直接投资　　　　　　　　B. 发行股票

C. 商业信用　　　　　　　　　　D. 融资租赁

3. 与普通股相比，优先股的优先权表现在（　　）。

A. 优先分配剩余财产　　　　　　B. 优先认股权

C. 优先分配股利权　　　　　　　D. 优先享用公司管理权

4. 股票筹资的优点有（　　）。

A. 能增强企业信誉　　　　　　　B. 资本成本低

C. 不容易分散控制权　　　　　　D. 没有固定的到期日

5. 企业在筹资时，投资者可以（　　）形式向企业投资。

A. 原材料　　　　B. 非专利技术　　　　C. 现金　　　　D. 生产设备

6. 吸收直接投资的优点有（　　）。

A. 增强企业控股权　　　　　　　B. 资本成本低

C. 有利于增强企业实力　　　　　D. 尽快形成生产能力

7. 企业利用银行借款筹资的优点有（　　）。

A. 财务风险较小　　　　　　　　B. 筹资速度较快

C. 手续相对简单　　　　　　　　D. 资本成本较低

8. 债务资金的筹资方式有（　　）。

A. 发行股票　　　　B. 商业信用　　　　C. 银行借款　　　　D. 发行债券

9. 计算债券价格应考虑的因素有（　　）。

A. 债券面值　　　　B. 票面利率　　　　C. 市场利率　　　　D. 还本期限

三、判断题

1. 同一筹资渠道可以有多种筹资方式，而同一筹资方式只有单一的筹资渠道。
（　　）

2. 企业内部资金无须通过一定的方式去筹集，而是直接由企业内部自动生成或转移。（　　）

3. 因为银行借款会产生财务杠杆作用，所以不管在什么情况下，借款总是越多越好。（　　）

4. 在企业债券面值和票面利率一定的情况下，市场利率越低，则债券的发行价格越高。（　　）

5. 发行债券可获得财务杠杆利益，所以，债券发行的越多，股东的收益就越多。（　　）

技能检测

二维码12
知识检测、技能
检测答案

A 公司目前发行在外的普通股有 100 万股，每股 1 元，已发行债券 400 万元，利率 10%，该公司打算为一个新的项目融资 500 万元，新项目投产后公司每年息税前利润增加 200 万元。公司所得税税率 40%，现有两个方案可供选择：

方案 1：按 12% 的利率发行债券。

方案 2：按每股 20 元发行新股。

要求：

（1）计算两个方案的每股收益。

（2）计算两个方案的每股收益无差别点的息税前利润。

（3）计算两个方案的财务杠杆系数。

（4）确定 A 公司应该选择哪个方案？

 总结评价

学生根据任务实施、素质培养的完成情况，对自己进行评价，并填写总结评价表如表 3 - 6 所示，对错误进行总结。

表 3 - 6　总结评价表

项目		等级评定	错题编号	对应知识点
任务实施	一			
	二			
	三			
	四			
	五			
案例分析				
知识检测				
技能检测				

注：等级评定为优秀、良好、一般、不及格。

项目投资管理实务

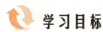 **学习目标**

知识目标

- 了解项目投资的含义与分类
- 熟悉项目投资需考虑的相关因素
- 理解项目投资决策各种评价指标的含义

技能目标

- 能够计算项目投资中的现金流量
- 能够利用非贴现评价指标对项目可行性进行评价
- 能够利用贴现评价指标对项目可行性进行评价
- 能够对不同项目的优劣做出比较

素质目标

- 培养严谨的逻辑思维
- 培养良好的沟通和团队协作的能力

 **案例引入**

元妃省亲风光的背后

　　《红楼梦》里贾元春省亲，是贾府的头等大事，贾府倾其所有，以结皇家之欢心。虽说是贾府最风光的事，但也是花钱最多的事。除了建造大观园的费用，还有采买江南女子、尼姑、道姑的费用，各项杂费、花灯烟火费用等各种花费巨大。那么，元妃省亲，给贾府带来了什么好处呢？看得见、摸得着的好处，是元妃的赏赐；看不见、没有明细的，是元妃回宫后皇家的赏赐。即贾府通过前期各种花费的投资讨皇家的欢心，继而获得金钱上或官职上的赏赐。这相当于一种投资回报，一次投资，可以换来长期回报，甚至终身回报。当然，贾府之前是获得了回报的，但后面也尝到了被太监敲诈勒索等苦果。

既然是投资，必定存在风险，可能带来利益，也可能带来损失。从元春省亲这一花费来看，前期投资应该是划算的，抬高了贾府的政治地位，带来了隐性的利益。但后期也相应抬高了贾府的经济成本，成了贾府一项较为严重的经济负担，投资与回报极不对称。

由此可以看出项目投资决策的重要性。项目投资往往规模较大，涉及的资金数额较多，因此，在财务管理中，必须重视项目投资管理，合理分析项目的可行性，做出正确的项目投资决策。

任务一　预测项目投资现金流量

背景材料

东方公司拟增加一套设备，需要投资 200 000 元，预计使用寿命为 5 年，残值为 8 000 元，采用直线法计提折旧。该设备投产时需垫支营运资金 50 000 元，预计年营业收入为 120 000 元，年付现成本为 40 000 元，已知所得税税率为 25%。由于正确地估算项目各阶段的现金流量是合理评价项目投资可行性的前提基础，所以公司需要预测每年的现金净流量。

学习任务

根据背景材料中的信息，请你帮公司预测每年的现金净流量。

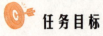

任务目标

通过完成学习任务，明确项目现金流量的构成，掌握项目现金流量的计算方法，正确地估算项目各阶段的现金流量。

相关知识

一、项目投资概述

（一）项目投资的含义

项目投资是一种以特定建设项目为对象的长期投资行为，主要包括以新增生产能力为目的的新建项目投资和以恢复或改善原有生产能力为目的的更新改造项目投资。

（二）项目投资的特点

与其他形式的投资相比，项目投资主要具有以下特点：

（1）投资规模较大，回收时间较长。

（2）投资风险较大。

（3）投资次数较少。

二维码1
项目投资
详细阐述

（三）项目投资的分类

（1）按涉及的内容不同，项目投资主要分为新建项目投资和更新改造项目投资。

（2）按投资项目之间相互关系的不同，项目投资主要分为独立项目投资和互斥项目投资。

二、项目投资现金流量的构成

项目投资（以下简称项目）现金流量是指一个投资项目在投资期间各时点引起的企业各项现金收入和现金支出增加的数量，是增量的现金流量，即实际发生的现金流入或现金流出。

项目投资现金流量包括现金流入量、现金流出量和现金净流量。

（一）现金流入量

现金流入量是指投资项目在投资期间引起的企业各项现金收入的增加额，如项目投产后给企业带来的现金收入的增加、投资项目中的固定资产在项目结束时回收的残值、项目终结时原垫支营运资金的收回等。

（二）现金流出量

现金流出量是指投资项目在投资期间引起的企业各项现金支出的增加额，如固定资产的投资支出、垫支生产经营期内需要周转使用的营运资金、项目投产后增加的付现成本、各项税款等。

（三）现金净流量

现金净流量是指投资项目在一定时期内的现金流入量与现金流出量之差，一般以年为单位计算现金净流量。当年现金流入量大于年现金流出量时，年现金净流量大于零；当年现金流入量小于年现金流出量时，年现金净流量小于零。

三、项目投资现金流量的计算

投资项目在整个经济寿命周期内大致可分为三个阶段：建设期、营业期、终结期。因此，在计算项目现金流量时，一般根据这三个阶段分别计算初始现金流量、营业现金流量和终结现金流量。

（一）初始现金流量

初始现金流量是指项目建设期发生的现金流量，主要是现金流出量，即该项目的原始投资，包括土地使用费用支出、固定资产投资、流动资产投资、其他投资（如与项目相关的注册费、职工培训费等）、垫支的营运资金、原有固定资产的变价收入。

初始现金流量除了原有固定资产的变价收入是现金流入量外，其余均为现金流出量。因此，初始现金净流量小于零。

（二）营业现金流量

营业现金流量是指项目投产后，在整个经济寿命周期内正常生产经营所发生的现金流入量和现金流出量。其中，营业期的现金流入量主要是生产经营期内各年的营业收入，营业期的现金流出量主要是生产经营期内各年的付现成本和缴纳的税金。付现成本是指以货币资金形式支付的成本，而营业成本中不需要实际支付现金的成本是非付现成本。非付现成本主要包括固定资产的折旧费、无形资产的摊销费等。

因此，在考虑所得税的情况下，投资项目在营业期内的年营业现金净流量计算公式如下：

年营业现金净流量

＝年营业收入 − 年付现成本 − 年所得税

＝年营业收入 − （年营业成本 − 年非付现成本）− 年所得税

＝年营业收入 − 年营业成本 − 年所得税 + 年非付现成本

＝年净利润 + 年非付现成本

＝年净利润 + 年折旧及摊销额

（三）终结现金流量

终结现金流量是指投资项目经济寿命完结时发生的现金流量，主要表现为现金流入量，包括固定资产的残值收入或变价收入、建设期垫支营运资金的收回。

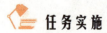 **任务实施**

扫码查看学习任务参考。

二维码2
学习任务参考

任务二　项目投资决策

 背景材料

东方公司近期内有一些投资项目可供选择，为做出正确的投资决策，现要求项目经理完成以下任务：

（1）公司拟增加一条流水线，有甲、乙两个方案可以选择。每个方案所需投资额均为 20 万元，甲、乙两个方案的营业现金净流量如表 4 - 1 所示，计算两者的静态投资回收期并比较优劣，做出决策。

表 4 - 1　甲、乙方案现金流量　　　　　　　　　　　　万元

项　　目	投资额	第 1 年	第 2 年	第 3 年	第 4 年	第 5 年
甲方案现金流量	20	6	6	6	6	6
乙方案现金流量	20	2	4	8	12	17

（2）公司现有一个投资项目可供选择，原始投资额是 1 000 万元，预计该项目营运后年平均利润达到 100 万元。假设必要投资报酬率为 12%，请利用投资报酬率指标分析该投资项目是否可行？

（3）公司拟投资 20 万元引进一台设备，预计未来 5 年内每年产生现金净流量 6 万元，假设贴现率为 10%，请利用净现值指标判断该项目是否可行？

（4）公司拟投资 100 万元引进一条生产线，预计未来 5 年内每年产生现金净流量 34 万元，假设贴现率为 10%，请利用获利指数指标判断该项目是否可行？

（5）公司拟购置一台机器，需一次性投资 28 万元，使用年限是 10 年，期末无残值，每年现金净流量是 4 万元，已知企业的资本成本是 12%，请利用内含报酬率指标判断该项目是否可行？

 学习任务

假设你是项目经理，请完成背景材料中的各项任务。

 任务目标

通过完成学习任务，理解项目投资评价指标的含义，掌握各种项目投资评价指标的计算方法，能够利用项目投资评价指标对项目可行性进行评价。

 相关知识

按照是否考虑货币时间价值，项目投资的评价指标分为两类：非贴现指标和贴现指标。非贴现指标，又称为静态评价指标，即不考虑货币时间价值的指标，主要包括静态投资回收期和投资报酬率；贴现指标，又称为动态评价指标，即考虑货币时间价

值的指标，主要包括净现值、获利指数、内含报酬率。

一、非贴现指标

（一）静态投资回收期

静态投资回收期是指在不考虑货币时间价值的情况下，收回全部投资所需要的时间。

1. 静态投资回收期的计算

该指标一般以年为单位，具体计算分为两种情况：

（1）原始投资额一次性支出，每年的营业现金净流量相等。

计算公式：

$$静态投资回收期 = 原始投资额 ÷ 每年的营业现金净流量$$

（2）原始投资额一次性支出，每年的现金净流量不相等。

计算公式：

$$静态投资回收期 = 累计现金净流量开始出现正值的年份数 - 1 + \frac{上一年累计现金净流量的绝对值}{出现正值年份的现金净流量}$$

二维码3
静态投资回收期
计算的详细阐述

2. 静态投资回收期的决策规则

（1）对于独立项目而言，若投资项目的静态投资回收期小于或等于基准投资回收期，则该项目可行；若投资项目的静态投资回收期大于基准投资回收期，则该项目不可行。

（2）对于互斥项目而言，在静态投资回收期小于或等于基准投资回收期的项目中，静态投资回收期越短越好。

3. 静态投资回收期的优缺点

静态投资回收期的优点是：计算简便，易于理解；可以在一定程度上反映项目的风险程度，一般静态投资回收期越短，投资项目的风险越小。

静态投资回收期的缺点是：没有考虑货币时间价值；没有考虑回收期满后项目的现金流量情况，可能导致决策者选择急功近利的投资项目。

（二）投资报酬率

投资报酬率，又称为投资利润率，是指在不考虑货币时间价值的情况下，经营期正常年平均利润占原始投资额的百分比。

1. 投资报酬率的计算

$$投资报酬率 = \frac{年平均利润}{原始投资额} × 100\%$$

2. 投资报酬率的决策规则

（1）对于独立项目而言，若投资项目的投资报酬率大于或等于必要的投资报酬率，则该项目可行；若投资项目的投资报酬率小于必要的投资报酬率，则该项目不可行。

（2）对于互斥项目而言，在投资报酬率大于或等于必要投资报酬率的项目中，投资报酬率越大越好。

3. 投资报酬率的优缺点

投资报酬率的优点是：计算简便，易于理解；可以较好地反映各项目的收益水平。

投资报酬率的缺点是：没有考虑货币时间价值；没有考虑建设期、投资方式、投资时间等对项目的不同影响。

二、贴现指标

（一）净现值

净现值是指投资项目在计算期内，按企业要求的最低报酬率或资本成本计算的未来各期现金净流量现值的代数和。其计算公式为：

$$NPV = \sum_{t=1}^{n} \frac{NCF_t}{(1+k)^t} - C$$

其中：NPV 表示净现值，NCF_t 表示第 t 期的现金净流量，n 表示投资总期限，k 表示贴现率，C 表示原始投资额。

1. 净现值的具体计算步骤

（1）计算每期的营业现金净流量。

（2）按照给定的贴现率计算未来所有现金净流量的总现值。

（3）计算净现值。

净现值 = 未来所有现金净流量的总现值 − 原始投资额

2. 净现值的决策规则

（1）对于独立项目而言，若净现值大于或等于 0，则该项目可行；反之，若净现值小于 0，则该项目不可行。

（2）对于互斥项目而言，在净现值大于或等于 0 的项目中，净现值越大越好。

3. 净现值法的优缺点

净现值的优点是：考虑了货币时间价值，增强了项目投资评价的实用性；考虑了项目计算期内的全部现金净流量，体现了流动性与收益性的统一；考虑了投资风险，项目投资风险可以通过提高贴现率加以控制。

净现值的缺点是：不能从动态的角度直接反映投资项目的实际收益率；净现值法的计算需要较准确地估算现金净流量和选择贴现率，而实际上现金净流量的估算和贴现率的选择都比较困难。

（二）获利指数

获利指数，又称为现值指数，是指投资项目未来现金净流量按一定贴现率折算的总现值与原始投资额现值的比值。

1. 获利指数的计算

获利指数 = 未来现金净流量总现值 ÷ 原始投资额现值

2. 获利指数的决策规则

（1）对于独立项目而言，若获利指数大于或等于1，则该项目可行；反之，若获利指数小于1，则该项目不可行。

（2）对于互斥项目而言，在获利指数大于或等于1的项目中，获利指数越大越好。

3. 获利指数的优缺点

获利指数的优点是：考虑了货币时间价值，增强了项目投资评价的实用性；可以从动态的角度反映投资项目的资金投入与总产出之间的关系，有利于在原始投资额不同的项目之间做出选择。

获利指数的缺点是：不能从动态的角度直接反映投资项目的实际收益率。

（三）内含报酬率

内含报酬率，又称为内部收益率，是指使投资项目的净现值等于零的贴现率。其计算公式为：

$$\sum_{t=1}^{n} \frac{NCF_t}{(1+r)^t} - C = 0$$

其中：NCF_t 表示第 t 期的现金净流量，n 表示投资总期限，r 表示内含报酬率，C 表示原始投资额。

1. 内含报酬率的具体计算步骤

内含报酬率的计算分两种情况：

（1）如果投资项目无建设期，每期营业现金净流量相等，且终结点无资金回收。

① 每期 NCF 相等，是普通年金形式，列式求年金现值系数。

② 查年金现值系数表，找到对应的贴现率，即为内含报酬率。

③ 若找不到对应的贴现率，则利用内插法计算内含报酬率。

（2）如果每期营业现金净流量不相等。

① 预估一个贴现率，按此计算净现值。

如果 $NPV=0$，此时的预估贴现率就是内含报酬率。

如果 $NPV>0$，表示预估的贴现率小于内含报酬率，则应稍提高预估的贴现率，再次测试。

如果 $NPV<0$，表示预估的贴现率大于内含报酬率，则应稍降低预估的贴现率，再次测试。

经过反复测试，找到一个大于0和一个小于0的净现值对应的贴现率，且两个贴现率之间不要超过5%的间隔。

② 根据这两个相邻的贴现率，采用内插法计算出净现值等于0时的贴现率，即为内含报酬率。

2. 内含报酬率的决策规则

（1）对于独立项目而言，若内含报酬率大于或等于企业的资本成本或必要报酬率，则该项目可行；反之，若内含报酬率小于企业的资本成本或必要报酬率，则该项目不可行。

（2）对于互斥项目而言，在内含报酬率大于或等于企业的资本成本或必要报酬率的项目中，内含报酬率越大越好。

3. 内含报酬率的优缺点

内含报酬率的优点是：考虑了货币时间价值，增强了项目投资评价的实用性；可以从动态的角度反映投资项目的实际收益率。

内含报酬率的缺点是：计算过程复杂，尤其是当遇到每期营业现金净流量不相等的情况时，需要逐步测试确定贴现率；不易直接考虑投资风险的大小；可能出现一个投资项目有多个内含报酬率的情况，难以进行决策；在互斥项目决策时，如果各项目的原始投资额现值不相等，有时无法做出正确决策。

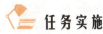 **任务实施**

扫码查看学习任务参考。

二维码 4
学习任务参考

 素质培养

案例分析

扩建项目投资分析

二维码 5
案例分析

2020 年，由于市场需求激增，宜华橡胶化工公司开始面临生产能力不足的情况。为保持市场份额，公司召开紧急会议。经过一番讨论，根据公司的整体目标和长远发展规划，最终提案集中在三个项目上。现董事长要求财务总监从财务的角度对这三个项目进行分析。

项目 A：化学部门，生产设施扩建。初始投资 500 万元，预计使用 10 年，每年税前利润 130 万元，期末无残值，且在预计使用年限内采用直线法计提折旧。

项目 B：轮胎部门，增加一条生产线。初始投资 400 万元，预计使用 10 年，每年税前利润 100 万元，期末无残值，且在预计使用年限内采用直线法计提折旧。

项目 C：增加额外的仓储空间，满足国际市场的需求。初始投资 200 万元，预计使用 8 年，每年税前利润 60 万元，期末无残值，且在预计使用年限内采用直线法计提折旧。

假设公司预计的最低投资报酬率为 10%，所得税税率为 25%。

请分析：这三个项目是否值得投资？如何从财务的角度进行分析？

知识检测

一、单项选择题

1. 在以下各种投资中，不属于项目投资类型的是（　　　）。

A. 固定资产投资   B. 更新改造投资

C. 证券投资   D. 完整企业项目投资

2. 项目投资的直接投资主体是（   ）。

A. 企业本身   B. 企业所有者   C. 债权人   D. 供应商

3. 项目投资的特点是（   ）。

A. 投资金额小   B. 投资时间较长

C. 投资风险小   D. 变现能力强

4. 在项目投资决策中，现金流量是指投资项目在其计算期内各项（   ）的统称。

A. 现金流入量   B. 现金流出量

C. 现金流入量与现金流出量   D. 现金净流量

5. 下列指标中，属于静态评价指标的是（   ）。

A. 投资回收期   B. 净现值   C. 获利指数   D. 内含报酬率

二、多项选择题

1. 企业的投资项目主要可分为（   ）。

A. 新建投资项目   B. 更改投资项目

C. 单纯固定资产投资项目   D. 完整企业投资项目

2. 在其他因素不变的情况下，下列财务评价指标中，指标数值越大，表明项目可行性越强的有（   ）。

A. 净现值   B. 获利指数

C. 内含报酬率   D. 静态投资回收期

3. 净现值属于（   ）。

A. 正指标   B. 反指标   C. 绝对指标   D. 相对指标

4. 下列项目投资决策评价指标中，考虑了货币时间价值的有（   ）。

A. 内含报酬率   B. 净现值

C. 静态投资回收期   D. 投资利润率

5. 下列因素中，影响内含报酬率的是（   ）。

A. 银行利率   B. 资本成本率

C. 投资项目计算期   D. 初始投资金额

三、判断题

1. 项目投资是一种以特定项目为对象，直接与新建项目或更新改造项目有关的长期投资行为。   （   ）

2. 内含报酬率的优点是注重货币时间价值，可以从动态的角度直接反映投资项目的实际收益水平，又不受行业基准收益率高低的影响，比较客观。   （   ）

3. 如果某一投资方案的净现值大于 0，则其投资回收期一定小于基准回收期。

（   ）

4. 在项目投资决策中，内含报酬率的计算本身与项目设定的折现率无关。

（   ）

5. 在项目投资决策中，应以现金流量作为评价项目经济效益的评价指标。

（　　）

技能检测

1. 已知某投资项目的原始投资额现值为 100 万元，每年现金流量的净现值为 25 万元，则该项目的获利指数是多少？

2. 某投资项目每年现金净流量如表 4 - 2 所示，假设贴现率为 10%。

二维码6
知识检测、技能
检测答案

表 4 - 2　现金净流量　　　　　　　万元

项目	投资额	第 1 年	第 2 年	第 3 年	第 4 年	第 5 年
现金净流量	1 000 000	308 800	308 800	308 800	308 800	588 800

要求：计算净现值，并判断该投资项目的可行性。

　总结评价

学生根据任务实施、素质培养的完成情况，对自己进行评价，并填写总结评价表如表 4 - 3 所示，对错误进行总结。

表 4 - 3　总结评价表

项目		等级评定	错题编号	对应知识点
任务实施	一			
	二			
案例分析				
知识检测				
技能检测				

注：等级评定为优秀、良好、一般、不及格。

证券投资管理

 学习目标

知识目标

- 掌握证券投资基本知识
- 掌握债券投资估值模型和投资收益率
- 掌握股票投资估值模型和投资收益率
- 掌握基金财务评价知识

技能目标

- 能识别证券投资的风险
- 能计算债券价值和投资收益率
- 能计算股票价值和投资收益率
- 能计算基金价值和投资收益率

素质目标

- 培养风险和收益意识
- 树立投资理念，提升责任意识

 **案例引入**

从王戎识李看证券投资管理

《王戎识李》是《世说新语》中的一个故事。王戎是魏末晋初"竹林七贤"之一，这个故事里，在他大约 7 岁的时候，常和小朋友一起游玩。有一天，正当他们在路边玩耍时，大家看到路边有一棵大李树，上面结满了丰硕的果实。小伙伴们都争先恐后地过去摘李子，只有王戎一人站在原地不动。大人问他为什么不去，他回答说："这棵树就在路旁，还有这么多李子剩下没被人摘去，这李子一定是苦的。"别人摘了尝后，发现果然如王戎所说，李子味道非常苦涩。

王戎识李的故事告诉我们，看待事物及做事时要仔细观察，同时加强思考，不要忽略周围的环境，要根据相关情况进行合理推测，具有独立的思维，切不可盲目追随大众。证券投资管理也是如此，例如某只股票一时价格下跌，要仔细分析背后的原因，是时逢市场整体下跌，还是因为某个黑天鹅事件导致的行业连锁反应，或者是一些无关紧要的原因导致的，切不可贸然做出行动，以免给企业带来损失。

本项目就证券投资管理内容进行学习，需要学生在对证券投资进行整体了解的基础上，学习如何对债券、股票和基金投资进行管理，以便更好地利用企业的闲置资金获利。

任务一　认知证券投资

课堂笔记

背景材料

东方公司的业务对于资金需求具有季节波动性，现公司处于经营淡季状况，财务经理张经理打算利用闲置资金进行证券投资。公司财务部新员工小王协助张经理对不同种类的证券投资风险与报酬进行分析，并完成如下任务：

（1）东方公司进行证券投资的目的是什么？

（2）东方公司进行证券投资的风险有哪些？

学习任务

请你扮演小王的身份，完成背景资料中的任务。

任务目标

通过完成学习任务，掌握证券的分类和证券投资的种类，明确证券投资的目的，了解证券投资的风险。

相关知识

一、认知证券

证券是指具有一定票面金额，代表财产所有权和债权，可以有偿转让的凭证，如股票、债券等。

（一）证券的特点

证券的特点主要有流动性、收益性和风险性三个方面。

1. 流动性

证券通常是上市证券，往往具有较为活跃的交易市场，可以在企业需要现金时及时转让，变现能力较强，因此具有较强的流动性。但需要说明的是，证券的实际周转速度取决于企业对证券的持有目的。长期证券的周转时间一般较长。

2. 收益性

企业将闲置资金投资于股票、债券等有价证券，可以获取股利收入、债券利息收入、买卖差价等投资收益，实现资产价值增值。

3. 风险性

证券本身是一种虚拟资产，同时受发行证券的企业经营业绩好坏和资本市场变化的影响，可能会给证券投资者带来超出预期的损失，风险较大。

（二）证券的分类

证券可以根据不同的标准分类。

1. 按发行主体不同

按发行主体不同，证券可以分为政府证券、金融证券和公司证券。政府证券是指政府财政部门或其他代理机构为筹集资金，以政府名义发行的证券，主要包括国库券和公债两大类；金融证券是指由银行或者非银行金融机构发行的证券；公司证券是指由工商企业依照法定程序发行的证券。

2. 按到期日不同

按到期日不同，证券可以分为短期证券和长期证券。短期证券是指一年内到期的有价证券，如银行承兑汇票、商业本票、短期融资券等；长期证券是指到期日超过一年的证券，如股票、债券等。

3. 按所体现的权益关系不同

按所体现的权益关系不同，证券可以分为所有权证券、债权证券和混合证券。所有权证券是指证券的持有人便是证券发行的所有者的证券，如股票这种证券的持有人一般对发行单位都有一定的管理和控制权。债权证券是指投资者拥有债权，能定期收取利息、到期收回债券本金的有价证券；如国库券、公司债券。混合证券是指股票与债券以一定的方式结合的证券，兼具股票与债券的特点，形式多样。

4. 按收益状况不同

按收益状况不同，证券可以分为固定收益证券和变动收益证券。固定收益证券是指能够提供固定（或根据固定公式计算出来的）现金流的证券。如固定利率债券、优先股股票等；变动收益证券是指收益随客观条件变化而变化的证券，如普通股。

二、认知证券投资

（一）证券投资的含义

证券投资是指投资者购买股票、债券、基金等有价证券以及这些有价证券的衍生品以获取红利、利息及资本利得的投资行为和投资过程，是间接投资的重要形式。

证券投资按照投资对象，可以分为债券投资、股票投资、组合投资和基金投资。

（二）证券投资的目的

1. 充分利用闲置资金，获取投资收益

企业在生产经营中，通常会出现各种原因导致的闲置资金，闲置资金过多时会增加现金管理的机会成本。通过将闲置资金投资于股票、债券等有价证券上，可以给企业增加投资收益。在需要现金时，也可以随时将有价证券变卖，换取现金。

2. 控制相关企业，增强企业竞争能力

企业在生产经营活动中，稳定的供销渠道必不可缺，通过对重要的供销企业进行投资，可以稳定与客户和供应商的关系，保障企业的生产经营顺利进行，从而增强企业的竞争能力。

3. 积累发展基金或偿债基金，满足未来的财务需求

企业为了将来的项目投资或者偿债所需，可以在当时按期投入一定资金于一些风险较小的证券，在到期时售出，来满足所需的资金需求。

4. 满足季节性经营对现金的需求

某些季节性生产经营的企业会出现季节性现金需求，持有一定的证券投资，可以在资金不足时售出，以满足季节性需求。

（三）证券投资的风险

（1）市场风险。

（2）企业特有风险。

企业特有风险可进一步分为经营风险和财务风险。

这部分内容在本书项目二中已有具体阐述，此处不再赘述。

任务实施

扫码查看学习任务参考。

二维码 1
学习任务参考

任务二　债券投资决策

課堂筆記

背景材料

东方公司选取了几只债券，对是否应当投资这几只债券做进一步分析。员工小王需要协助财务经理张经理完成下列任务：

（1）A 债券为 2020 年 4 月 1 日发行，面值 1 000 元，票面利率为 10%，按年付息，于 5 年后的 3 月 31 日到期，目前市场利率为 12%，计算 A 债券的价值。

（2）B 债券为按半年付息的债券，其余信息与 A 债券相同，计算 B 债券的价值。

（3）C 债券面值 1 000 元，票面利率为 5%，期限为 5 年，到期一次还本付息且不计复利。东方公司购买 C 债券要求 8% 的必要收益率。C 债券现在市场价格为 900 元，是否值得购买？

（4）D 债券为零息债券，面值 1 000 元，期限为 5 年，东方公司购买 D 债券要求 8% 的必要收益率，则购买该债券支付的最高价格为多少？

（5）E 债券为永久性债券，面值为 1 000 元，票面利率为 5%，按年支付利息，市场利率为 12%，计算该债券的价值。

（6）公司 2020 年 6 月 1 日从证券市场上以 1 020 元的价格购入 2015 年 12 月 1 日发行的面值为 1 000 元，票面利率 8%，期限为 5 年，每年 12 月 1 日支付一次利息，到期还本的 F 债券，并持有至到期。计算该债券的投资收益率。

（7）公司于 2020 年 6 月 1 日购买 10 份面值 100 元的 G 债券，债券的价格为 110.5 元，其票面利率为 8%，每年 6 月 1 日计算并支付一次利息。该债券于 5 年后的 5 月 31 日到期，公司持有该债券至到期日。计算该债券的投资收益率。

 学习任务

请你扮演小王的身份，完成背景资料中的任务。

 任务目标

通过完成学习任务，掌握债券估值方法，能够计算债券的投资收益。

 相关知识

一、债券的价值

（一）债券价值的含义

债券的价值是指进行债券投资时投资者预期可获得的现金流入的现值。债券的现金流入主要包括利息和到期收回的本金或出售时获得的现金两部分。

（二）债券的估值

在投资债券时，首先要解决的问题就是确定现在债券的价格是否具有投资意义，当债券的交易价格小于其内在价值时，该种债券具有投资价值，否则，就不具备投资价值，这就涉及债券的估值问题。

1. 债券估值基本模型

典型的债券是按照固定利率每年计算并支付利息，到期归还本金。按照这种模式，债券估值基本模型为：

$$V = \sum_{t=1}^{n} \frac{I}{(1+R)^t} + \frac{M}{(1+R)^n}$$
$$= I \times (P/A, R, n) + M \times (P/F, R, n)$$

式中：V 表示债券的价值，I 表示债券各期的利息，M 表示债券的面值，R 表示贴现率，即投资者投资于债券所要求的最低投资收益率，一般可以用市场利率，n 为债券的期限。

从债券估值基本模型中可以看出，债券面值、债券期限、票面利率、市场利率是影响债券价值的基本因素。

在我国，很多债券属于一次还本付息、单利计算的存单式债券，据此对基本模型进行调整后的估值模型为：

$$V = (M + I \times n) \times (P/F, R, n)$$

即未来本金与各期利息收入之和的现值作为一次还本付息的单利债券的价值。

2. 平息债券估值模型

平息债券是指利息在期间平均支付的债券，支付频率可能是每季度一次、半年一次或一年一次等。平息债券估值模型为：

$$V = \sum_{t=1}^{mn} \frac{I/m}{(1+R/m)^t} + \frac{M}{(1+R/m)^{mn}}$$
$$= I/m \times (R/A, R/m, mn) + M \times (P/F, R/m, mn)$$

式中：V 表示债券的价值，I 表示债券每年的利息，M 表示债券的面值，m 表示年付息次数，R 表示贴现率，n 为到期时间的年数。

 小贴士

平息债券的价值

折价出售的债券，一年内的付息次数越多，价值越低；溢价出售的债券，一年内的付息次数越多，价值越高。

3. 零息债券估值模型

零息债券也叫纯贴现债券，是指到期只能按面值收回，期内不计息的债券。零息债券没有标明利息计算规则的，通常采用按年复利计息方式计算其价值。

$$V = \frac{M}{(1+R)^n}$$
$$= M \times (P/F, R, n)$$

式中：M 为到期日支付额，R 为年贴现率，n 为到期时间的年数。

4. 永久性债券估值模型

永久性债券是指一直按期支付固定利息，但没有到期日的债券。英国和美国都曾发行过此类公债，永久性债券相当于一种永续年金，其估值模型可以简单地理解为每期的利息除以给定的贴现率。计算公式为：

$$V = I/R$$

二、债券投资收益

（一）债券投资收益的来源

债券投资收益是指投资于债券所获得的全部投资报酬，主要来源于以下三个方面：

1. 名义利息收益

债券的名义利息收益为按面值与票面利率计算的各期利息之和。

2. 利息再投资收益

对债券进行投资决策时，假设收到的债券利息会重新投资于同一项目并可以获取与本金同等的收益。因此用货币时间价值原理对债券进行投资收益计算，就是考虑了利息再投资的因素。

3. 债券的价差收益

债券的价差收益是指债券未到期时，持有人转让债券，获取的买卖价的价差收益，也叫资本利得收益。

证券投资的收益可以用相对数或绝对数表示，财务管理中通常选择相对数，即收益率来表示。

（二）短期债券收益率的衡量

短期债券由于期限较短，一般不用考虑货币时间价值因素，只需考虑债券价差及利息，将其与投资额相比，即可求出短期债券收益率。其计算公式为：

$$K = \frac{S_1 - S_0 + I}{S_0 \times n} \times 100\%$$

式中：K 为债券投资收益率，S_0 为债券购买价格，S_1 为债券出售价格，I 为债券利息，n 为债券持有年限（到期年限）。

（三）长期债券收益率的衡量

长期债券的投资收益率一般是指购进债券后一直持有至到期日可获得的收益率，它是使债券利息的年金现值和债券到期收回本金的复利现值之和等于债券购买价格时的贴现率，即计算净现值为零时的贴现率，也叫债券的内部收益率。计算步骤及公式如下：

1. 求含有折现率的方程

$$V = \sum_{t=1}^{n} \frac{I}{(1+K)^t} + \frac{M}{(1+K)^n}$$
$$= I \times (P/A, K, n) + M \times (P/F, K, n)$$

式中：V 为债券的购买价格，I 为各期的利息，M 为到期收回的本金或中途出售获取的资金，K 为债券的投资收益率，n 为投资期限。

该式无法直接计算出债券的投资收益率，需要用逐步测试法设定贴现率代入上式，再用内插法求出收益率。

2. 根据内插法, 通过查现值系数表求得债券的投资收益率 *K*

债券的投资收益率也可以用简便算法求得近似结果, 即:

$$K = \frac{I + (M - P)/n}{(M + P)/2} \times 100\%$$

式中: K 为债券的投资收益率, I 为各期的利息, M 为到期归还的本金, P 为债券当前购买价格, n 表示债券持有期限, 分母是平均资金占用额, 分子是平均收益。

投资收益率是指导选购债券的标准。它可以反映债券投资按复利计算的真实收益率。如果投资收益率高于投资人要求的收益率, 则应买进该债券, 否则就放弃。

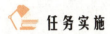 **任务实施**

扫码查看学习任务参考。

二维码 2
学习任务参考

任务三　股票投资决策

课堂笔记

 背景材料

东方公司选取了几只股票, 对是否应当投资这几只股票做进一步分析。员工小王需要协助财务经理张经理完成下列任务:

(1) A股票为普通股, 基年股利为 4 元, 估计年股利增长率为 5%, 期望的收益率为 10%, 打算一年以后转让出去, 估计转让价格为 20 元。计算 A 股票的价值。

(2) B股票现在每股股利为 1 元, 预计以后每年以 6% 的增长率增加, 东方公司要求必要的收益率为 10%, 计算 B 股票的价值。

(3) C股票为优先股股票, 预计每年股利为 1 元, 东方公司要求必要的收益率为 10%, 该优先股股票市场价为 9.8 元。分析东方公司是否应该购进该股票?

(4) 预计 D 公司未来 3 年股利将高速增长, 成长率为 10%。在此以后转为正常增长, 增长率为 4%。D 公司最近支付的股利是 2 元, 东方公司对其股票投资要求的最低收益率为 12%。填写 D 公司股利现值表如表 5-1 所示, 并计算 D 公司股票的价值。

表 5-1　D公司股利现值表　　　　　　　　　　　　　　元

年份 t	第 t 年股利	现值系数	股利现值
1			
2			
3			
	合计 (3年股利的现值)		

（5）东方公司拟以 6 元价格购买 1 000 股 E 公司的股票，持有 1 年，获得股利每股 0.15 元，然后预计以 7 元每股的价格全部卖出。计算东方公司购买 E 股票的收益率。

（6）F 公司现在每股股利为 1 元，预计以后每年以 6% 的增长率增加，东方公司对其股票投资要求必要的收益率为 10%，该股票的市场价格为 25 元。计算并分析 F 公司股票是否值得购买。

 学习任务

请你扮演小王的身份，完成背景资料中的任务。

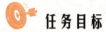 任务目标

通过完成学习任务，掌握股票估价方法，能够计算股票的投资收益。

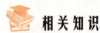 相关知识

一、股票的价值

投资者投资股票的目的主要有两个：一是为了获取投资收益，包括股利收入和转让差价；二是为了对被投资方实施战略控制。

（一）股票价值的含义

股票的价值是指其预期的未来现金流入量的现值。它是股票的真实价值，又称股票的内在价值或理论价值。股票的价格是股票在证券市场上的交易价格。这是市场上买卖双方进行竞价后产生的双方均能接受的价格。股票价格小于其内在价值时，则值得投资者购买，反之，则要放弃。

（二）股票的估值

股票的内在价值由一系列的股利和将来出售股票时售价的现值所构成。

1. 股票估值基本模型

如果股东打算长期持有股票，则该股票没有到期日，投资股票所得到的股利是未来的现金流量，其现值为股票的价值。该股票估值基本模型为：

$$V = \sum_{t=1}^{\infty} \frac{D_t}{(1 + R_s)^t}$$

式中：V 为股票的内在价值，D_t 为第 t 年的每股现金股利，R_s 为贴现率，即投资人要求的必要收益率，t 为年度。

如果股东打算在一定时间后将所持股票出售，则股票带给股东的现金流量分为两部分：一部分是股利收入，另一部分为股票出售时的售价，此时股票估值基本模型可以调整为：

$$V = \sum_{t=1}^{n} \frac{D_t}{(1 + R_s)^t} + \frac{P_n}{(1 + R_s)^n}$$

式中：V 为股票的内在价值，D_t 为第 t 年的每股现金股利，R_s 为贴现率，即投资人要求的必要收益率，t 为年度，n 为股票持有的期限，P_n 为第 n 期期末股票的售价。

2. 固定增长股票估值模型

有的公司股利是不断增长的，当公司进入可持续增长状态时，将在每期以一个固定的增长率增派股利，则固定增长股票估值模型为：

$$V = \sum \frac{D_0 \times (1 + g)^t}{(1 + R_s)^t}$$

式中：V 为股票的内在价值，D_0 为基期股利，g 为股利固定增长率，R_s 为折现率，t 为年度。

上式中当 g 为常数，且 $R_s > g$ 时，可以简化为：

$$V = \frac{D_0 \times (1 + g)}{R_s - g} = \frac{D_1}{R_s - g}$$

式中：D_1 为第一年股利。

 小贴士

固定增长股票的价值

每股股票的预期股利越高，股票价值越大；

每股股票的必要收益率越小，股票价值越大；

每股股票的股利增长率越大，股票价值越大。

3. 零增长股票估值模型

零增长股票是公司永久支付固定股利，拥有固定股利的普通股就像优先股一样。优先股是特殊的股票，它没有到期日，其股东每期在固定的时点上收到相等的股利，因此其未来现金流量视为一种永续年金，零增长股票估值模型为：

$$V = D / R_s$$

式中：V 为股票的内在价值，D 为每年固定股利，R_s 为投资人要求的收益率。

4. 阶段性增长股票估值模型

有些公司股票的股利在一段时间里高速成长，在另一段时间里又正常固定增长或固定不变，对于此类股票，需要分段计算，才能确定股票的价值。其计算步骤如下：

（1）计算出非固定增长区间的股利现值。

（2）根据固定增长股票估值模型，计算出非固定增长期结束时的股票价值，并求其现值。

（3）将得到的两个现值加到一起，即为阶段性增长股票价值。

二、股票投资收益的衡量

（一）股票投资收益的来源

股票投资收益的来源有股利收益、股利再投资收益和转让价差收益三个方面。按照货币时间价值的原理计算股票投资收益时，已经考虑了股利再投资收益的问题。

（二）短期股票收益率的计算

企业短期持有股票时，不考虑货币时间价值，其收益率计算公式如下：

$$K = \frac{S_1 - S_0 + D}{S_0} \times 100\%$$

式中：K 为短期股票收益率，S_1 为股票出售价格，S_0 为股票购买价格，D 为股利。

（三）长期股票收益率的计算

1. 基本模型

股票投资的收益率是使各期股利及股票售价的复利现值等于股票买价时的贴现率，也就是股票的内部收益率。当股票的内部收益率高于投资者所要求的最低收益率时，该股票才具有购买价值；否则，应该放弃。

长期股票收益率计算的基本公式为：

$$V = \sum_{t=1}^{n} \frac{D_t}{(1+K)^t} + \frac{P_n}{(1+K)^n}$$

式中：V 为股票购买价格，D_t 为第 t 年的每股现金股利，K 为股票投资收益率，t 为年度，n 为股票持有的期限，P_n 为第 n 期末股票的售价。

之后利用逐步测试法，结合内插法来求股票的内部收益率，过程同长期债券收益率的计算一样，此处略。

2. 零增长股票的收益率

由零增长股票估值模型 $V = D/R_s$ 可以推出，零增长股票的收益率计算公式为：

$$R_s = D/V$$

式中：R_s 为股票投资收益率，D 为固定股利，V 为股票购买价格。

3. 固定增长股票的收益率

因为固定增长股票估值模型为：

$$V = \frac{D_1}{R_s - g}$$

由此推导出固定增长股票的收益率计算公式为：

$$R_s = \frac{D_1}{V} + g$$

$$= 股利收益率 + 股利增长率(资本利得收益率)$$

式中：R_s 为股票投资收益率，D_1 为第一期股利，V 为股票购买价格，g 为股利固定增长率。

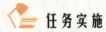 **任务实施**

扫码查看学习任务参考。

二维码 3
学习任务参考

任务四 基金投资决策

课堂笔记

背景材料

东方公司拟购置 A 基金公司的基金，该基金公司目前基金资产账面价值为 3 000 万元，负债账面价值为 1 000 万元，该基金公司按照基金净值的 5% 收取首次认购费，按照基金净值的 1% 收取赎回费，该基金为开放式基金，份数为 1 000 万份。按照财务经理的要求，员工小王需要计算 A 基金公司基金的相关数据并填入表 5 - 2 中。

表 5 - 2 A 基金公司基金的相关数据

指标	计算过程与结果
基金资产净值	
基金单位资产净值	
基金认购价	
基金赎回价	

学习任务

请你扮演小王的身份，完成背景资料中的任务。

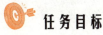

任务目标

通过完成学习任务，能够计算基金的价值。

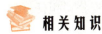

相关知识

一、基金的含义与特点

（一）基金的含义

基金有广义和狭义之分，从广义上说，基金是指为了某种目的而设立的具有一定数量的资金。例如信托投资基金、公积金、保险基金、退休基金、各处基金会的基金。证券投资基金是指通过公开发售基金份额募集资金，由基金托管人托管，由基金管理人管理和运用资金，为了基金份额持有人的利益，以资产组合的方式进行证券投资的一种利益共享、风险共担的集合投资方式。

（二）基金的特点

1. 集合投资

基金是一种集合投资方式，它的特点是将零散的资金汇集起来，交给专业机构投资于各种金融工具，以谋取资产的增值。

2. 分散风险

基金的另一个特点是以科学的投资组合降低风险、提高收益。

3. 专业理财

基金是将分散的资金集中起来以信托方式交给专业机构进行投资运作，这既是证券投资基金的一个重要特点，也是它的一个重要功能。

二、基金的当事人

基金的当事人有基金持有人、基金管理人和基金托管人三类。

（一）基金持有人

基金持有人就是基金投资者，是基金的出资人、基金资产的所有者和基金投资回报的受益人。基金持有人拥有基金收益的享有权、对基金份额的转让权和基金经营决策的参与权等基本权利。

（二）基金管理人

基金管理人的主要业务是发起设立基金和管理基金。基金管理人由依法设立的基金管理公司担任，基金管理公司通常由证券公司、信托投资公司或其他机构等发起成立。

（三）基金托管人

基金托管人与基金管理人签订托管协议，在托管协议规定的范围内履行自己的职责并收取一定的报酬。基金托管人通常由有实力的商业银行或信托投资公司担任。我国规定基金托管人由依法设立并取得基金托管资格的商业银行担任。

基金持有人与基金管理人之间是委托人、受益人与受托人的关系，也是所有者和经营者之间的关系；基金管理人与基金托管人是相互制衡的关系，二者在财务上、人事上、法律地位上应保持独立地位；基金持有人与托管人之间是委托与受托的关系。

三、基金的分类

基金可以按照不同的标准进行分类。

（一）按法律形式分类

按法律形式分类，基金可以分为契约型基金和公司型基金。

契约型基金是指由基金持有人、基金管理人和基金托管人三方通过建立信托投资契约的形式而设立的一种基金。

公司型基金是指按照公司法以公司形态组成的基金，它以发行股份的方式募集资金，一般投资者购买该公司的股份即为认购基金，也就是成为该公司的股东，凭其持有基金份额依法享有投资收益。

（二）按运作方式分类

按运作方式分类，基金可以分为封闭型基金和开放型基金。

封闭型基金是指基金份额在基金合同期限内固定不变，可以在依法设立的证券交易所交易，但基金持有人不得申请赎回的一种基金。

开放型基金是指基金发行总额不固定，基金单位总数随时增减，投资者可以按基金的报价在国家规定的营业场所申购或者赎回基金单位的一种基金。

（三）按投资对象分类

按投资对象分类，基金可以分为股票型基金、债券型基金、混合型基金和货币型基金。

股票型基金是指投资于股票的比例为60%以上的基金；债券型基金是指投资于债券的比例为80%以上的基金，其中又可分为纯债基金和偏债基金；混合型基金也称平衡型基金，是指投资于股票和债券的比例介于股票型基金和债券型基金之间的一种基金；货币型基金是指全部投资于货币市场工具的基金。

（四）按投资目标分类

按投资目标分类，基金可以分为成长型基金、收入型基金和平衡型基金。

成长型基金以追求资本增值为投资目标，主要以具有良好增长潜力的股票为投资对象；收入型基金以追求稳定的经常性收入作为投资目标，主要投资于大盘蓝筹、公司债券、政府债券等稳定收益证券；平衡型基金则是二者兼有，同时注重资本增值和当期收入。

一般而言，成长型基金的风险大、收益高；收入型基金的风险小、收益较低。

（五）按募集方式分类

按募集方式分类，基金可以分为公募基金和私募基金。

公募基金可以面向社会公众公开发售基金份额和宣传推广，募集对象不固定，对投资金额要求低，受到监管部门的严格监管。私募基金只能采取非公开方式，面向特定投资者募集发售。投资金额要求较高，运作灵活，限制较少，但风险较大。

除上述分类外，还有一些特殊的基金，如交易型开放式指数基金（ETF）、上市开放式基金（LOF）、伞形基金、分级基金、可转换公司债券基金、对冲基金等。

四、投资基金的财务评价

（一）基金估值的相关要求

基金估值是为了客观、准确地反映基金资产的价值。经基金资产估值后确定的基金资产净值而计算出的基金份额净值，是计算基金份额转让价格尤其是计算开放型基金申购与赎回价格的基础。

基金估值对象为基金依法拥有的各类资产，如股票、债券、认股权证等。基金管理人应于每个交易日当天对基金资产进行估值。

当下列情形出现时，需要暂停基金估值：

（1）基金投资所涉及的证券交易所遇法定节假日或因其他原因暂停营业时。

（2）因不可抗力或其他情形致使基金管理人、基金托管人无法准确评估基金资产价值时。

（3）占基金相当比例的投资品种的估值出现重大转变，而基金管理人为保障投资人的利益，决定延迟估值。

（4）如出现基金管理人认为属于紧急事故的任何情况，会导致基金管理人不能出售或评估基金资产时。

（二）基金估值计算

基金资产净值是在某一基金估值时点上，按照公允价格计算的基金资产总值扣除基金负债后的余额，该余额是基金持有人的权益。计算公式如下：

$$基金资产净值 = 基金资产总值 - 基金负债$$
$$基金单位资产净值 = 基金资产净值 ÷ 基金总份额$$

二维码4
基金单位
资产净值

基金单位资产净值（以下简称基金单位净值）是某一时点上某一投资基金每份基金份额实际代表的价值。它是衡量一个基金经营好坏的主要指标，也是基金份额交易价格的内在价值和计算依据。

（三）基金的报价

理论上基金的价值决定了基金的价格，基金的交易价格以基金单位净值为基础。

1. 封闭型基金报价

封闭型基金在二级市场上竞价交易，其买卖价格受市场供求关系的影响，并不必然反映公司的净资产价值。

2. 开放型基金报价

开放型基金的柜台交易价格完全以基金单位净值为基础，报价方式有两种形式：认购价和赎回价。具体计算方法如下：

$$基金认购价（卖出价） = 基金单位净值 + 首次认购费$$
$$基金赎回价（买入价） = 基金单位净值 - 基金赎回费$$

（四）基金收益率

基金收益率用以反映基金增值的情况，它通过基金单位净值的变化来衡量。计算方法为：

$$基金收益率 = \frac{年末持有份数 × 基金单位净值 - 年初持有份数 × 基金单位净值年初数}{年初持有份数 × 基金单位净值年初数}$$

任务实施

扫码查看学习任务参考。

二维码5
学习任务参考

素质培养

案例分析

《新证券法》修订后正式施行

二维码6
案例分析

2019 年 12 月 28 日，第十三届全国人大常委会第十五次会议审议通过了修订后的《中华人民共和国证券法》（以下简称《新证券法》），已于 2020 年 3 月 1 日起施行。本次证券法修订，按照顶层制度设计要求，进一步完善了证券市场基础制度，体现了市场化、法治化、国际化方向，为证券市场全面深化改革落实落地，有效防控市场风险，提高上市公司质量，切实维护投资者的合法权益，促进证券市场服务实体经济功能的发挥，打造一个规范、透明、开放、有活力、有韧性的资本市场，提供了坚强的法治保障，具有非常重要而深远的意义。

本次证券法修订，系统总结了多年来我国证券市场改革发展、监管执法、风险防控的实践经验，在深入分析证券市场运行规律和发展阶段性特点的基础上，做出了一系列新的制度改革的完善，包括完善了投资者保护制度。《新证券法》设专章制定了投资者保护制度，做出了许多颇有亮点的安排。包括区分普通投资者和专业投资者，有针对性地做出投资者权益保护安排；建立上市公司股东权利代为行使征集制度；规定债券持有人会议和债券受托管理人制度；建立普通投资者与证券公司纠纷的强制调解制度；完善上市公司现金分红制度。尤其值得关注的是，为适应证券发行注册制改革的需要，《新证券法》探索了适应我国国情的证券民事诉讼制度，规定投资者保护机构可以作为诉讼代表人，按照"明示退出""默示加入"的诉讼原则，依法为受害投资者提起民事损害赔偿诉讼。

（资料来源：中国证券监督管理委员会普法专栏）

请分析：本案例中，修订后的《新证券法》在保护投资者方面做出了哪些努力？

知识检测

一、单项选择题

1. 债券内部收益率的计算公式中不包括的因素是（　　　）。

A. 票面利率　　　　B. 债券面值　　　　C. 市场利率　　　　D. 债券期限

2. 市场利率上升时，债券价值的变动方向是（　　　）。

A. 上升　　　　　　　B. 下降　　　　　　　C. 不变　　　　　　　D. 随机变化

3. A 公司打算购买一种零增长股票，该股票股利为每股 2 元，A 公司要求的投资收益率为 16%，该股票的内在价值为（　　　）元。

A. 20　　　　　　　　B. 13　　　　　　　　C. 16　　　　　　　　D. 12.5

4. 下列各项中属于非系统风险的是（　　　）。

A. 某公司研发新产品失败　　　　　　　B. 国家调整利率

C. 通货膨胀　　　　　　　　　　　　　　D. 战争

5. 甲公司平价购买乙公司刚发行的债券，该债券面值 100 元，期限为 5 年，票面利率为 8%，每半年支付一次利息，该债券按年计算的内部收益率为（　　　）。

A. 4%　　　　　　　　B. 8%　　　　　　　　C. 8.8%　　　　　　　D. 8.16%

6. 当某股票的市场价格高于其价值时，股票的内部收益率与投资人要求的最低收益率相比（　　　）。

A. 较高　　　　　　　B. 较低　　　　　　　C. 相等　　　　　　　D. 不一定

二、多项选择题

1. 债券投资的收益来源于（　　　）。

A. 名义利息收益　　　　　　　　　　　　B. 利息再投资收益

C. 到期回收本金收益　　　　　　　　　　D. 价差收益

2. 与股票内在价值成同方向变化的因素有（　　　）。

A. 必要收益率　　　　　　　　　　　　　B. 股利年增长率

C. 年股利　　　　　　　　　　　　　　　D. β 系数

3. 决定债券发行价格的因素有（　　　）。

A. 债券面值　　　　　　　　　　　　　　B. 债券票面利率

C. 市场利率　　　　　　　　　　　　　　D. 债券期限

4. 按募集方式分类，基金可以分为（　　　）。

A. 公募基金　　　　　B. 私募基金　　　　　C. 开放型基金　　　　D. 封闭型基金

5. 根据投资对象的不同，基金可以分为（　　　）。

A. 股票型基金　　　　B. 债券型基金　　　　C. 货币型基金　　　　D. 混合型基金

三、判断题

1. 普通股投资与优先股投资相比，投资风险更大而收益较低。（　　　）

2. 债券的价格会随着市场利率的变化而变化，当市场利率上升时，债券价格也会上升。（　　　）

3. 对股票进行估价时，准备短期持有的股票不需考虑货币时间价值，准备长期持有的股票需要考虑货币时间价值。（　　　）

4. 不考虑其他因素，零增长股票的价值与市场利率成正比。（　　　）

5. 当两种债券票面金额和票面利率相同时，如果付息方式不同，投资人的实际收益也会不同。（　　　）

6. 按照法律形式分类，基金可以分为封闭型基金和开放型基金。（　　　）

技能检测

1. 甲公司于 2020 年 1 月 1 日以 104 元的价格发行新债券，每张票面金额为 100 元，票面利率为 10%，期限为 5 年，每年 12 月 31 日支付利息。

二维码7
知识检测、技能
检测答案

要求：计算该债券的投资收益率。

2. 预计 A 公司未来三年进入高速成长期，股利前三年增长率为 10%，第四年及之后进入固定增长期，增长率为 3%，该公司目前的股利为每股 2 元，该公司投资人要求的投资收益率为 15%。

要求：计算该公司股票的内在价值。

 总结评价

学生根据任务实施、素质培养的完成情况，对自己进行评价，并填写总结评价表如表 5 - 3 所示，对错误进行总结。

表 5 - 3　总结评价表

项目		等级评定	错题编号	对应知识点
任务实施	一			
	二			
	三			
	四			
案例分析				
知识检测				
技能检测				

注：等级评定为优秀、良好、一般、不及格。

营运资金管理实务

 学习目标

知识目标

- 掌握营运资金的概念及特点
- 熟悉最佳现金持有量的确定方法
- 掌握应收账款信用条件
- 掌握经济批量基本模型

技能目标

- 能运用营运资金的管理原则与策略进行营运资金管理
- 能确定企业最佳现金持有量
- 能分析应收账款的成本，制定应收账款信用政策
- 能确定存货的经济批量

素质目标

- 培养职业素养，建立岗位责任意识
- 培养认真、细致的工作作风，树立成本管理理念

 案例引入

荣国府的营运资金管理

古典名著《红楼梦》中，王熙凤是荣国府的当家人，相当于企业的财务经理。书

中曾经有这样的情节：刘姥姥二进荣国府时，宝玉的大丫鬟袭人问王熙凤的得力助手平儿，当月的月钱（工资）为什么连贾母（董事长）、王夫人（总经理）的都还没有发？平儿见问，连忙悄悄解释说这笔钱已经被王熙凤支走拿去放给人使了（即放高利贷），等别处的利钱收回，凑齐了才能发放月钱。并且透漏，只这一项，一年不到就可以挣到上千两银子。

现金管理是企业营运资金管理中重要的一环。在《红楼梦》中，20 两银子就可以满足刘姥姥一家五口一年的生活所需，王熙凤用荣国府的营运资金进行投资，一年不到即可获得上千两收益，回报何等丰厚！这种对营运资金的管理方式充分满足了个人的投机性需求，但是却忽视了企业持有营运资金的交易性需求，即生产经营中各种现金支付的需求，导致员工工资都不能按时发放，引起了家族上下的不满和质疑，最终她也"机关算尽太聪明，反算了卿卿性命"。从这一点看，也是得不偿失了。

本项目就营运资金的管理内容开始学习。针对不同的行业，营运资金的管理要有所区别，我们需要在整体上对各种具体的营运资金如现金、应收账款和存货等进行优化管理，在满足日常生产经营的基础上，使营运资金的相关总成本最小。

任务一　认知营运资金

课堂笔记

背景材料

东方公司预计 2021 年正常生产经营时需要 100 万元的流动资产和 500 万元的非流动资产，在生产经营旺季时会增加 30 万元的波动性流动资产，该公司需要选用适合的融资策略来保证其营运资金的周转需求。

学习任务

请你根据背景材料中东方公司的流动资产预计信息，为该公司拟定在旺季时采用期限匹配融资策略（简称匹配策略）、激进融资策略（简称激进策略）、保守融资策略（简称保守策略）下的融资方案，并分析这三种融资策略各自的优缺点，填入表 6 – 1 中。

表 6 – 1　东方公司 2021 年融资策略分析表　　　　　　万元

项目	匹配策略	激进策略	保守策略
短期融资			
长期融资			
合计			
优点			
缺点			

任务目标

通过完成学习任务，认知营运资金，能够选择适合本企业财务管理目标和实际情况的营运资金管理策略。

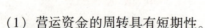

一、营运资金的含义与特点

（一）营运资金的含义

营运资金指在企业生产经营活动中占用在流动资产上的资金。营运资金的多少可以反映企业偿还短期债务的能力。

（二）营运资金的特点

（1）营运资金的周转具有短期性。
（2）营运资金的实物形态具有易变现性和变动性。
（3）营运资金的数量具有波动性。
（4）营运资金的来源具有灵活多样性。

二维码1
营运资金

二、营运资金的管理原则

营运资金周转期短，且占企业全部资金的比重相当大，因此是企业财务管理工作中的一项重要内容。

企业进行营运资金管理，必须遵循以下原则：
（1）合理预测营运资金的需要量。
（2）在保证生产经营需要的前提下节约使用资金。
（3）提高资金使用效率。
（4）合理保持一定数量的营运资金，保证足够的短期偿债能力。

三、营运资金管理策略

企业在营运资金管理方面需要决定拥有营运资金的数量及其筹资的渠道，必须建立一个框架来评估营运资金管理中的风险和收益的平衡，包括营运资金的投资和融资策略。

（一）营运资金的投资策略

（1）紧缩的营运资金投资策略。
（2）适中的营运资金投资策略。
（3）宽松的营运资金投资策略。

（二）营运资金的融资策略

（1）期限匹配融资策略。

（2）激进融资策略。

（3）保守融资策略。

营运资金的融资策略具体分析方法如图 6 - 1 所示。左端将流动资产分为永久性流动资产和波动性流动资产两类，其余圆柱表示长期融资与短期融资的三种策略，其中长期融资包括长期性负债、自发性流动负债（如日常运营中的应付款）和权益资本，短期融资指临时性流动负债。

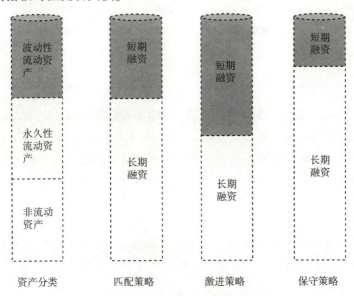

图 6 - 1　营运资金的融资策略

任务实施

扫码查看学习任务参考。

二维码 2

学习任务参考

任务二　现金管理

课堂笔记

背景材料

　　东方公司预计 2021 年现金收支状况比较稳定，为了更有效地对现金进行管理，使其发挥最佳经济效益，公司招聘财务管理专业 2020 届毕业生小王负责现金管理工作。现需要小王完成以下四个任务：

（1）根据成本分析模式，公司当前有四种现金持有量方案，填写如表 6-2 所示现金持有量方案评价表，并判断应选择哪个方案？

表 6-2　现金持有量方案评价表

方案项目	A	B	C	D
现金持有量/元	50 000	80 000	100 000	150 000
机会成本率/%	10	10	10	10
短缺成本/元	10 000	7 500	3 000	0
管理成本/元	4 000	4 000	4 000	4 000
总成本/元				
最优方案				

（2）正常情况下公司一个月经营所需资金 320 000 元，准备用短期有价证券变现取得，证券每次交易的固定成本为 50 元，证券市场年利率为 6%，根据存货模式确定最佳现金持有量、最低现金持有总成本及有价证券最佳转换次数。

（3）根据现金周转模式，预计全年需用现金 1 200 万元，存货周转天数为 80 天，应收账款周转天数为 40 天，应付账款周转天数为 30 天。确定该企业的最佳现金持有量。

（4）小王认为公司可以根据现金持有量随机模型进行现金管理，已知现金最低持有量为 15 万元，现金回归线为 70 万元，公司现有现金余额 220 万元。根据随机模式确定公司应当投资于有价证券的金额是多少？

 学习任务

请你扮演小王的身份，完成背景材料中的各项任务。

 任务目标

通过完成学习任务，掌握现金管理的目标与方法，能够根据企业情况选取合适的方法确定最佳现金持有量。

 相关知识

一、现金管理的目标与方法

（一）现金管理的目标

现金是指生产过程中暂时停留在货币形态的资金，包括库存现金、银行存款、银行本票、银行汇票等。

企业持有现金的动机，主要是满足交易性需要、预防性需要和投机性需要。

企业现金管理的目标是在保证企业生产经营活动现金需求的基础上，尽量节约使用资金，降低资金成本，提高资金使用效率，在流动性与盈利性之间做出最佳选择，使现金能发挥出最好的经济效益。

（二）现金管理的方法

为了提高现金的使用效率，企业应当在现金收支管理过程中注意做好以下工作：

(1) 力争现金流量同步。

(2) 使用现金浮游量。

(3) 加速收款。

(4) 推迟应付账款的支付。

二维码3
现金管理的方法

二、最佳现金持有量的确定方法

企业确定最佳现金持有量，应当根据公司的经营范围和现金管理特点，选择适当的方法。常用的最佳现金持有量的确定方法主要有成本分析模式、存货模式、现金周转模式和随机模式等。

（一）成本分析模式

成本分析模式是通过分析持有现金的总成本，寻求最低持有成本的现金持有量分析方法。

企业持有现金的成本主要有机会成本、管理成本、转换成本、短缺成本等。

1. 机会成本

现金的机会成本属于变动成本，是指企业持有现金后，就不能以所持有的现金进行对外投资，从而丧失掉可能的投资收益，形成闲置现金的机会成本。计算公式如下：

$$机会成本额 = 现金平均持有量 \times 有价证券利率$$

2. 管理成本

管理成本是指由于对现金进行管理而增加的费用。企业保留现金，对现金进行管理，会发生一定的管理费用。如管理人员的工资、防盗门、保险费、保安费等开支。管理成本的金额大小与现金持有量的多少无太大关联，因而属于一项与现金持有量无关的固定成本。

3. 转换成本

转换成本是指企业用现金购入有价证券以及转让有价证券换取现金时付出的交易费用，即现金同有价证券之间相互转换的成本。如委托买卖佣金、委托手续费等。

4. 短缺成本

短缺成本是指因现金持有量不足而无法及时通过有价证券变现加以补充而给企业造成的损失，包括直接损失与间接损失。直接损失是指由于无法购进材料造成停工损失等影响生产经营的损失；间接损失是指由于现金的短缺而给企业带来的无形损失，如不能及时付款给企业带来的信用损失。

采用成本分析模式，主要考虑因持有一定量的现金而产生的机会成本及短缺成本。将机会成本、管理成本、短缺成本三项成本之和最小的现金持有量，作为最佳现金持有量。如图 6 – 2 所示，小于最低点时，短缺成本上升的代价大于机会成本下降的好处，而超过最低点时，机会成本上升的代价将大于短缺成本下降的好处，因此在这一点横轴上的量是最佳现金持有量。

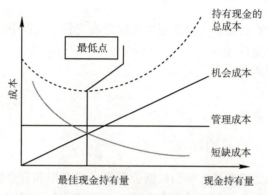

图 6 – 2　成本分析模式

成本分析模式的优点是相对简单，便于理解；缺点是需要比较准确地确定相关成本与现金持有量的函数关系。在具体计算时，可以先分别计算出各方案的机会成本、管理成本和短缺成本之和，再选出总成本最低点的现金持有量作为最佳现金持有量。

(二) 存货模式

存货模式通过引入存货的经济批量模型计算最佳现金持有量，基本原理是将公司现金持有量和有价证券联系起来衡量，即将持有现金的机会成本同转换有价证券的交易成本进行权衡，以求得二者相加总成本最低时的现金余额，从而得出目标现金持有量。这种方法主要考虑持有现金的机会成本和转换成本，对其他成本不予考虑。

在该模式下，某一时期的现金持有总成本为现金机会成本与交易成本之和，计算公式为：

$$TC = \frac{Q}{2} \times K + \frac{T}{Q} \times F$$

式中：TC 表示某一时期的现金持有总成本，Q 表示现金持有量（每次出售有价证券换回的现金数量），K 表示该期间有价证券利率（机会成本率），T 表示该期间现金总需求量，F 表示每次售出有价证券的转换成本。

现金持有总成本最低时的最佳现金持有量的计算公式为：

$$Q^* = \sqrt{\frac{2TF}{K}}$$

最低现金持有总成本 $TC(Q^*) = \sqrt{2TFK}$

有价证券最佳转换次数 $N = T/Q^*$

最佳转换间隔期 $= 360/N$

采用存货模式确定最佳现金持有量比较简单、直观，但这一模型假设计划期内现金流入流出比较稳定，并不符合实际情况。因此该模式确定的结果只能作为企业判断最佳现金持有量的一个参考标准。

（三）现金周转模式

从现金周转的角度出发，根据企业现金周转速度来确定最佳现金持有量的方法是现金周转模式。该模式相关计算步骤及公式如下：

1. 计算现金周转天数

现金周转天数是指从购买材料支付现金到销售商品收回现金的时间，即现金周转一次需要的天数。计算公式为：

现金周转天数 = 存货周转天数 + 应收账款周转天数 – 应付账款周转天数

2. 计算现金周转率

现金周转率即一年内现金的周转次数。计算公式为：

现金周转率 = 360（天）÷ 现金周转天数

3. 计算最佳现金持有量

最佳现金持有量 = 预测期全年现金需要量 ÷ 现金周转率

（四）随机模式

在企业的现金支出是随机的且一定时期内现金需要量事先无法确定时，可以采用随机模式确定最佳现金持有量。该方法的基本原理是企业根据历史经验和现实需要，测算出现金持有量的上限和下限，当现金余额达到上限时，通过购入有价证券降低现金持有量；当现金余额达到下限时，通过抛售有价证券换回现金，使现金持有量上升；当现金余额在上限与下限之间波动时，视为合理，不进行现金与有价证券的转换。如图 6–3 所示，H 和 L 线分别是现金持有量的上限和下限，R 线是现金返回线。企业的现金余额是随机波动的，当达到 H 线时，即达到现金控制的上限，企业需要购入有价证券，使现金持有量降低到现金返回线 R 的水平；当现金余额低至 L 线时，企业需要出售有价证券换回现金，使其现金持有量上升到现金返回线 R 的水平；当现金余额在 H 和 L 之间波动时，表明企业的现金持有量是合理的，无须进行任何操作。

在随机模式中，现金持有量的下限即 L 线是企业结合每日最低需要、管理人员的风险承受倾向等因素制定的；上限即 H 线和现金返回线 R 的计算公式如下：

$$R = \sqrt[3]{\frac{3b\delta^2}{4i}} + L$$

$$H = 3R - 2L$$

式中：b 表示每次有价证券的固定转换成本，δ 表示预期每日现金余额变化的标准差，i 表示有价证券的日利率。

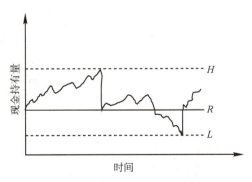

图 6–3　随机模式下的现金持有量

随机模式适用于所有企业最佳现金持有量的测算。但该模式建立在企业未来现金需求总量和收支不可预测的前提下，计算出来的现金持有量比较保守。

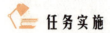

任务实施

扫码查看学习任务参考。

二维码 4
学习任务参考

课堂笔记

任务三　应收账款管理

背景材料

东方公司一直采用赊销的方式销售产品，信用期限为 60 天，如继续采用该信用条件，预计 2021 年赊销收入净额为 1 000 万元，坏账损失为 20 万元，收账费用为 12 万元。为扩大商品的销售量，东方公司拟将信用期限改为 90 天。财务经理张经理正在分析是否应该改变其信用条件，假设其他条件不变，预计 2021 年赊销收入净额为 1 100 万元，坏账损失为 25 万元，收账费用为 15 万元。已知产品的变动成本率为 60%，资本成本率为 10%，一年按 360 天计算，所有守信客户均于信用期满付款。财务部新进员工小王应张经理的要求，需要为其分析并提供下列信息：

（1）公司上一年全年应收账款平均余额为 200 万元，信用期限为在 60 天内全额付清款项，计算该公司此前应收账款周转天数和平均逾期天数。

（2）公司应收账款坏账准备提取比例制定为：在信用期内，按其余额的 5% 计提；逾期不超过 30 天，按其余额的 8% 计提；逾期不超过 60 天，按其余额的 10% 计提；逾期超过 60 天以上，按其余额的 15% 计提。填写表 6-3 账龄分析表，对公司应收账款进行监控。

表 6-3　账龄分析表

应收账款账龄/天	金额/万元	占应收账款总额的百分比/%	坏账准备提取比例/%	坏账准备提取金额/万元
0 ~ 60	120			
61 ~ 90	40			
91 ~ 120	24			
121 以上	16			
合计	200		—	

（3）根据东方公司的应收账款信息，填写信用条件分析表如表6－4所示。

表6－4 信用条件分析表   万元

项目	改变前	改变后
年赊销净额 　减：变动成本		
信用成本前收益		
减：机会成本 　　　坏账损失 　　　收账费用		
信用成本后收益		

学习任务

请你扮演小王的身份，完成背景材料的三个任务，并为东方公司是否应该改变信用条件提出建议。

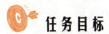

任务目标

通过完成学习任务，掌握应收账款的管理方法，能够根据实际情况制定企业的信用政策。

相关知识

一、应收账款的成本

应收账款是指公司因赊销产品或提供劳务而形成的应收款项，包括应收账款、应收票据和其他应收款等。

应收账款的成本是企业持有应收账款所付出的代价，主要包括管理成本、机会成本和坏账成本。

（一）管理成本

应收账款的管理成本是指企业对应收账款进行管理所耗费的各种费用。主要包括对客户的资信调查费用、应收账款账簿记录费用、收账费用、收集相关信息的费用、其他相关费用等。

（二）机会成本

应收账款的机会成本是指因资金投放在应收账款上而丧失的其他收入。计算公式如下：

$$应收账款平均余额 = 年赊销额 \div 360 \times 平均收账天数$$
$$= 日赊销额 \times 平均收账天数$$
$$应收账款占用资金 = 应收账款平均余额 \times 变动成本率$$
$$应收账款机会成本 = 应收账款占用资金 \times 资本成本率$$

其中平均收账天数是指各种收账天数的加权平均数。

（三）坏账成本

应收账款的坏账成本是指应收账款因故不能收回而给公司带来的损失。

$$应收账款的坏账成本 = 赊销额 \times 预计坏账损失率$$

企业在制定应收账款政策时，需要综合考虑各项成本的构成，尽量使应收账款的总成本降到最低。

二、应收账款的信用政策

应收账款的信用政策包括信用标准、信用条件和收账政策三项内容。企业制定应收账款的信用政策，需要将实施或改变信用政策所引起的销售变化带来的收益增加额与应收账款成本增加额进行比较，进而选择能够增加企业收益的信用政策。

（一）信用标准

信用标准是指企业同意向客户提供信用所要求其达到的最低信用水平，通常以预计的坏账损失率作为判别标准。企业制定的信用标准过于严格，会降低坏账损失，但不利于扩大销售；如果制定的信用标准过于宽松，会促进销售，但同时会增加坏账损失，提高应收账款的机会成本。

企业评估客户的信用常用的定性分析法是"5C"信用评价系统。

（二）信用条件

信用条件是指企业向对方提供商业信用时要求其支付赊销款项的条件，包括信用期限、折扣期限和现金折扣。如信用条件的表现形式为"5/10，$n/30$"时，其中 30 为信用期限，即企业规定客户最长的付款时间；10 为折扣期限，即客户可以享受现金折扣的付款期间；5 为现金折扣 5%，即企业给予客户提前付款的优惠。该信用条件规定如果在发票开出之后 10 日内付款，即可享受 5% 的折扣；如果不想取得现金折扣，也必须在 30 日内付清货款。

提供信用条件可以增加销售收入，也会提高应收账款的管理成本、机会成本、坏账成本等，因此企业需要比较不同信用条件的销售收入及相关成本，计算出各自的收益，再选择净收益最大的信用条件。

（三）收账政策

收账政策是指当客户违反信用条件，拖欠甚至拒付账款时企业采取的收账策略与措施。这些措施包括书信催讨、电话催讨、上门催缴以及诉诸法律。收账政策过紧，可能伤害无意拖欠的客户，影响企业未来的销售和利润；收账政策过松，又会引起收账期过分延长而导致较大损失。企业可以参照评价信用标准和信用条件的方法来评价收账政策，做出适当的权衡。

三、应收账款的监控

企业实施信用政策时，需要对应收账款进行监控，以及时应对情况变化，可以采用的方法有应收账款周转天数比较法、账龄分析法、ABC分析法等。

（一）应收账款周转天数比较法

可以将企业当前的应收账款周转天数与规定的信用期限、历史趋势以及行业正常水平进行比较，来分析公司的整体收款效率。

$$应收账款周转天数 = 应收账款平均余额 \div 该期间的平均日赊销额$$
$$平均逾期天数 = 应收账款周转天数 - 平均信用期天数$$

（二）账龄分析法

该方法将应收账款划分为未到信用期的应收账款和以30天为间隔的逾期应收账款。账龄分析法可以确定逾期应收账款的分布情况，随着逾期时间的增加，应收账款收回的可能性变小。账龄分析法给出了应收账款分布的模式，因此比应收账款周转天数法更能反映企业的应收账款情况。

（三）ABC分析法

ABC分析法是一种"抓重点、照顾一般"的管理方法，又称重点管理法。该方法将企业的所有欠款客户按其金额的多少进行分类排队，将应收账款逾期金额占应收账款逾期金额总额比重较大的客户划分为A类客户，即重点催款的对象；将应收账款逾期金额占应收账款逾期金额总额比重相对较大的客户划分为B类客户；余下的欠款较少、比重较小的客户划分为C类客户。然后分别采用不同的收账策略，对A类客户可以派专人催收或者委托代理机构处理；对B类客户可以多发几封信函或打电话催收；对C类客户只需要发出通知付款的信函即可。该方法一方面可以加快收回应收账款，另一方面也可以把收账费用和预期收益相联系。

四、应收账款的日常管理

企业确定了合理的信用政策后，还需要做好应收账款的日常管理工作，应收账款的日常管理工作难度较大，主要包括对客户的信用调查和分析评价以及应收账款的催收工作等。

（一）调查客户信用

企业在生产经营活动中，随着生产规模的扩大，新客户会不断增多，对于客户进行信用调查是企业对应收账款日常管理的基础，是对其提供信用的前提条件。企业对客户的信用调查主要通过直接调查和间接调查进行。

（二）评估客户信用

企业一般采用"5C"系统来评价客户的信用，并对其进行等级划分。在信用等级方面，目前主要有两种：一种是三类九等，即将客户的信用状况分为 AAA、AA、A、BBB、BB、B、CCC、CC、C 九等，其中 AAA 为信用最优等级，C 为信用最低等级；另一种是三级制，即将客户的信用状况分为 AAA、AA、A 三个信用等级。

（三）催收应收账款

应收账款发生之后，企业应采取措施，尽量争取按期收回应收账款，避免拖延时间过长形成坏账损失。在应收账款的收账工作上，企业应建立权责分明的收款奖惩机制。将收款工作具体落实到相关人员身上，对于及时收回应收账款、坏账损失率低的收账人员予以奖励，对于催收不及时，坏账损失率高的收账人员给予处罚等。同时企业内部销售部门和财务部门应做好配合，落实企业的应收账款日常管理工作。

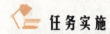 **任务实施**

扫码查看学习任务参考。

二维码 6
学习任务参考

 课堂笔记

任务四　存货管理

背景材料

东方公司一直采用经济订货量进货模式，财务管理人员小王在进行 2021 年的存货管理分析，需要完成下面两个任务：

（1）公司生产使用的 A 材料采用外购方式，供应商的送货期为 2 天，公司 2021 年对 A 材料的需求量为 600 000 件，进价为 10 元/件，一次订货成本为 250 元，单位变动储存成本为进价的 30%。为该公司确定并填写表 6 - 5 的相关指标。

表 6 - 5　存货管理相关指标

序号	指标	计算过程及结果
1	经济订货量	
2	存货相关总成本	
3	经济订货次数	

续表

序号	指标	计算过程及结果
4	经济订货周期	
5	再订货点	
6	经济订货量占用资金	

（2）公司一直自制生产需要使用的 B 零件，自制单位成本为 3 元，每次生产准备成本为 600 元，每日产量为 50 件，每日需求量为 10 件，预计该零件的全年需求量为 3 600 件，单位变动储存成本为 0.6 元。确定公司 B 零件的经济生产量、与经济生产量有关的总成本和全年自制 B 零件的总成本。

学习任务

请你扮演小王的身份，完成背景材料的两个任务。

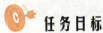
任务目标

通过完成学习任务，掌握存货的成本，能够根据实际情况确定存货经济订货量。

相关知识

一、存货的功能与成本

（一）存货的功能

存货在企业生产经营活动中主要有三个功能：
（1）保证生产和销售的功能。
（2）降低成本的功能。
（3）预防的功能。

（二）存货的成本

企业存货的成本主要包括取得成本、储存成本、短缺成本。

1. 取得成本

取得成本是指为了取得某种存货而发生的成本。取得成本包括订货成本和购置成本。

1）订货成本

订货成本是指取得订单的成本，如办公费、差旅费、邮费、电话费等支出。其中一部分与订货次数无关，如常设机构的基本开支等，称为固定订货成本；另一部分与订货次数有关，如差旅费、邮费和谈判费用等，称为变动订货成本。

每年订货成本的计算公式如下：

$$订货成本 = 固定订货成本 + 订货次数 \times 单位变动订货成本$$

$$= 固定订货成本 + \frac{存货年需要量}{每次进货量} \times 单位变动订货成本$$

2）购置成本

购置成本即存货本身的价值，包括存货的买价、运输费和装卸费等支出。每年存货的购置成本计算公式为：

$$购置成本 = 存货年需要量 \times 单位购置成本$$

因此每年存货的取得成本计算公式为：

$$取得成本 = 订货成本 + 购置成本$$

$$= 固定订货成本 + 变动订货成本 + 购置成本$$

2. 储存成本

储存成本是指为保持存货而发生的成本，包括存货占用资金应支付的利息、仓储费用、保险费用、存货的毁损和变质损失等。储存成本按其与储存数量的关系可分为固定储存成本和变动储存成本。固定储存成本与存货数量无关，如仓库折旧及仓库人员的工资等；变动储存成本与存货的数量有关，如存货资金的应计利息、存货的破损和变质损失、存货的保险费用等。如果企业每次订货量相等，且是一次到货，那么全年平均存货储存量视为每次订货量的一半。

存货年储存成本的计算公式为：

$$储存成本 = 固定储存成本 + 变动储存成本$$

$$= 固定储存成本 + 平均存货储存量 \times 单位变动储存成本$$

$$= 固定储存成本 + \frac{存货每次订货量}{2} \times 单位变动储存成本$$

3. 短缺成本

短缺成本是指由于存货供应中断而给企业造成的损失，主要包括由于停工待料而发生的损失、为补足拖欠订货所发生的额外成本支出、延迟交货而被处的罚金，以及由于丧失销售机会而蒙受的收入损失和信誉损失等。如果生产企业以紧急采购代用原材料来解决库存材料供应中断之急，则短缺成本表现为紧急采购发生的额外支出。

综上所述，每年企业的存货总成本计算公式为：

$$存货总成本 = 取得成本 + 购置成本 + 短缺成本$$

企业存货的最优化就在于使企业的存货总成本最小。

二、存货的决策

存货的决策包括决定进货项目、选择供应单位、决定进货时间和确定进货批量四项内容。财务管理部门的主要职责是决定存货的进货时间和进货批量，应当通过合理决定进货时间和进货批量，使得企业的存货总成本最小，这个批量即为经济订货量或经济批量，主要通过经济批量模型进行计算。

（一）经济批量基本模型

经济批量又称经济订货量，是指一定时期储存成本和订货成本之和最低时的采购批量。相关计算公式如下：

存货的相关总成本计算公式为：

$$TC = K \times \frac{D}{Q} + \frac{Q}{2} \times K_c$$

式中：TC 为每期存货相关总成本，K 为每次订货费用，D 为每期存货总需求，Q 为每次订货批量，K_c 为每期单位变动储存成本。

利用数学知识可以得出使 TC 最小的订货批量 Q^* 的计算公式为：

$$Q^* = \sqrt{\frac{2KD}{K_c}}$$

这就是经济批量基本模型，由此求出的每次订货量 Q^* 为存货相关成本最小的批量。这个基本模型还可以演变为其他形式：

$$年存货相关总成本\ TC(Q^*) = \sqrt{2KDK_c}$$
$$年经济订货次数\ N^* = D/Q^*$$
$$年经济订货周期\ T^* = 360/N^*$$

$$年经济订货量占用资金 = \frac{Q^*}{2} \times 存货购置单价$$

（二）经济批量基本模型的扩展

1. 再订货点

一般情况下，企业不会等存货用光再去订货，而会在还有一定存量时提前订货，以保证满足订货期内的耗用。再订货点就是订购下一批存货时尚有存货的储存量。它的大小取决于订货提前期的长短和每天平均正常用量的多少，即：

$$再订货点 = 每天平均正常用量 \times 订货提前期$$

其中订货提前期是指从发出订货单到存货运抵企业验收入库所用的时间。订货提前期对经济批量并无影响，只是在达到再订货点时开始订货。

2. 存货陆续供应和使用

在建立基本模型时，是假设存货一次性全部入库，实际中有些企业的存货可能陆续入库，即库存是陆续增加的，存货陆续供应和使用。此时需要修改经济批量基本模型。

假设全年的存货需用量为 D，每日送货量为 p，每日耗用量为 d，一次订货成本为 K，单位储存成本为 K_c。

假设每批订货数量为 Q，由于每日送货量为 p，故该批存货全部到达的天数为 Q/p，称为送货周期。

利用数学知识可以得出存货陆续供应和使用的经济批量为：

$$Q^* = \sqrt{\frac{2KD}{K_c} \times \frac{p}{p-d}}$$

由此可以得出存货陆续供应和使用的经济批量总成本计算公式为：

$$TC(Q^*) = \sqrt{2KDK_c \times \left(1 - \frac{d}{p}\right)}$$

3. 保险储备

企业按照某一订货批量（如经济批量）和再订货点发出订单后，如果存货耗用量突然增大或到货延迟，就会发生缺货或供应中断的情况。为了防止由此造成的损失，就需要在正常存货储备的基础上，多储备一些存货以备应急之用，即需要建立保险储备（保险储备量）。

保险储备的确定带有较强的主观性，确定得过高，虽然能够降低短缺成本，却会增加储存成本，确定得过低，又会导致短缺成本上升。合理的保险储备应使短缺成本和储存成本之和降到最低。

在有保险储备时，企业的再订货点将进一步提高，计算公式为：

$$再订货点 = 每天平均正常用量 \times 订货提前期 + 保险储备$$

三、存货的日常管理

（一）存货的归口分级管理

存货的归口分级管理是存货日常管理的一种基本方法，主要包括以下几项内容：

（1）实行存货资金的统一管理。

（2）实行存货资金的归口管理。根据使用资金和管理资金相结合、物资管理和资金管理相结合的原则，每项资金由哪个部门使用，就归哪个部门管理。

（3）实行存货资金的分级管理。各归口部门要将分管的计划和定额按照具体情况进行分解，分配给所属单位，即车间、班组甚至个人等基层，实行存货的分级管理。

由财务部门统一组织企业存货的核算、检查与分析工作，评定各归口分级管理部门的职责履行情况，奖优罚劣，促进企业整体存货管理水平的提高。

（二）ABC 分类法

1. ABC 分类法的分类标准

ABC 分类法的分类标准主要有两个：一是金额标准；二是品种数量标准。A 类为金额巨大，但品种数量较少的存货，通常品种数量占总品种数量的 10% 左右，金额占总金额的 70% 左右。B 类为介于 A 和 C 两类之间的存货，通常品种数量占总品种数量的 20% 左右，金额占总金额的 20% 左右。C 类为金额微小，但品种数量众多的存货，通常品种数量占总品种数量的 70% 左右，金额占总金额的 10% 左右。

2. ABC 分类法的运用

把存货分为 ABC 三类后，具体管理原则如表 6 – 6 所示。

表 6 – 6　ABC 分类法管理原则

项目	A 类存货	B 类存货	C 类存货
控制方法	按品种严格控制	按类别控制	按总额控制
采购批量	经济批量	适当放宽	简单估计
盘点方法	永续盘存制	定期检查	实地盘存制
记录方法	按品种确定	按类别确定	视情况而定
保险储备			

续表

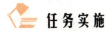

任务实施

扫码查看学习任务参考。

二维码 7
学习任务参考

素质培养

案例分析

来自《读库》的求助信

二维码 8
案例分析

2019 年 11 月 4 日早上 8 点，一封来自《读库》的求助信刷屏互联网。求助文章提及，目前位于北京郊区的《读库》库房面临大规模搬迁，为使迁移顺利完成，《读库》需要筹措一笔资金，腾空至少三分之一、最好一半以上的货位，为此《读库》创办人兼主编张立宪写信呼吁读者参与"把您的书房变为《读库》库房"活动，帮助《读库》在短时间内完成大迁徙。从不打折的《读库》产品除极少数预订图书和合作产品外，全线图书 8 折销售。

卖书打折本是再平常不过的事情，但是因为这封求助信的出现，引起无数人感慨。

发出求助信的原因，是《读库》的第 6 次搬家。张立宪在求助信中写道："这是我们的第 6 次易址，也是最伤筋动骨的一次大规模迁移。我们要在北京之外的地区重建 5 000 平方米的库区，并把 18 组高位货架、3 300 个货位（注：每个货位大约 2 立方米，可放几百上千本书）、所有仓储物流和安全保障设施、配送团队和体系，整体撤离北京，让我们的书在新的家里妥善安置，并以完美品相送达需要她的人手中。"

微博发出后，这封求助信获得上万人转发，评论上千条。诸多名人转发留言，许多读者回忆与《读库》相伴 14 年的点滴，为其加油。求助信发出当天，仅京东的《读库》店铺成交额就是 10 月日均成交额的近 300 倍。

《读库》搬迁危机度过之后，张立宪在读者年会上说，这件事暴露了自己的经营意识不足："我是个财务安全和经营理念很差的人，只要公司还有钱，该出的书就做出来；如果钱再多，看到好纸就赶快买下来，结果就导致资金周转率特别低。如果只是分析库房经济指标的话，我相信它不是一个很合理、良性的状态，库存和销售比也不好看。所以这次的确给了我一个警醒，即使没有外部压力，也应该把我们的库房变得不这么重。"

请分析：本案例体现了《读库》在营运资金管理中的哪些问题？如果你是《读库》的财务经理，为该公司提出改进营运资金管理的具体措施。

知识检测

一、单项选择题

1. 下列各项中，不属于营运资金特点的是（　　）。

A. 来源多样性　　　　　　　　　B. 数量波动性

C. 实物形态具有变动性和易变现性　　　D. 投资的集中性和收回的分散性

2. 某企业以长期融资方式满足非流动资产、永久性流动资产和部分波动性流动资产的资金需要，短期融资仅满足剩余的波动性流动资产的资金需要，该企业所采用的流动资产融资策略是（　　）。

A. 激进融资策略　　　　　　　　B. 保守融资策略

C. 折中融资策略　　　　　　　　D. 期限匹配融资策略

3. 企业持有现金主要是为了满足（　　）需求。

A. 交易性、预防性、收益性　　　B. 交易性、投机性、收益性

C. 交易性、预防性、投机性　　　D. 预防性、收益性、投机性

4. 某企业将资金占用在应收账款上而放弃其他方面投资可获得的收益，这种成本是应收账款的（　　）。

A. 管理成本　　　　　　　　　　B. 机会成本

C. 坏账成本　　　　　　　　　　D. 资本成本

5. 下列与存货决策无关的是（　　）。

A. 存货资金占用费　　　　　　　B. 订货成本

C. 仓库折旧　　　　　　　　　　D. 缺货成本

6. 某企业全年耗用甲材料 2 000 千克，该材料单价为 30 元，一次订货成本为 50 元，年单位储存成本为 5 元，年最佳订货次数为（　　）次。

A. 10　　　　　　B. 8　　　　　　C. 9　　　　　　D. 12

二、多项选择题

1. 企业持有现金的动机有（　　）。

A. 交易动机　　　B. 预防动机　　　C. 投资动机　　　D. 投机动机

2. 构成企业信用政策的主要内容是（　　）。

A. 信用标准　　　B. 信用条件　　　C. 信用期限　　　D. 收账政策

3. 下列属于波动性流动资产的有（　　）。

A. 季节性存货　　　　　　　　　B. 最佳现金余额

C. 保险储备存货量　　　　　　　D. 销售旺季增加的应收账款

4. 赊销在企业生产经营中的作用有（　　）。

A. 增加现金　　　B. 减少存货　　　C. 促进销售　　　D. 减少借款

5. 存货的取得成本通常包括（　　）。

A. 订货成本　　　B. 储存成本　　　C. 购置成本　　　D. 缺货成本

6. 确定再订货点需要考虑的因素有（　　）。

A. 保险储备　　　　　　　　　　B. 每天消耗的存货数量

C. 预计交货时间　　　　　　　　D. 每次订货成本

三、判断题

1. 为了保证生产经营所需，企业持有的现金越多越好。　　　　　　（　　）

2. 随机模型下当现金余额低于现金返回线时，应出售有价证券补足资金，以保证最佳现金持有量。　　　　　　　　　　　　　　　　　　　　　（　　）

3. 赊销是企业扩大销售的有力手段，因此企业应当尽量提供宽松的信用条件。
　　　　　　　　　　　　　　　　　　　　　　　　　　　　　　（　　）

4. 在存货管理的 ABC 分类法下，应当重点管理的是品种数量较大，但金额较小的存货。　　　　　　　　　　　　　　　　　　　　　　　　　　　（　　）

5. 利用"5C"系统评估客户的信用时，其中能力是指客户履约的可能性。
　　　　　　　　　　　　　　　　　　　　　　　　　　　　　　（　　）

6. 企业进行正常的短期投资活动所需要的现金是为了满足交易性需求。（　　）

技能检测

二维码9
知识检测、技能
检测答案

1. 某公司持有的有价证券年利率为 10%，每次有价证券的固定转换成本为 40 元，公司现金最低持有量为 3 000 元，根据历史资料分析，出现余额波动的标准差为 600 元，如果公司现有现金 21 000 元，按照随机模型应如何调整？

2. 某公司全年需用 A 材料 18 000 件，计划开工 360 天。A 材料从订货日至到货日的时间为 5 天，保险储备量为 100 件。要求计算 A 材料的再订货点。

总结评价

学生根据任务实施、素质培养的完成情况，对自己进行评价，并填写总结评价表如表 6 - 7 所示，对错误进行总结。

表 6 - 7　总结评价表

项目		等级评定	错题编号	对应知识点
任务实施	一			
	二			
	三			
	四			
案例分析				
知识检测				
技能检测				

注：等级评定为优秀、良好、一般、不及格。

利润分配管理

 **学习目标**

知识目标

- 了解利润分配的含义、原则及程序
- 熟悉股利政策的含义及基本理论
- 掌握几种常用的股利分配政策
- 掌握几种常用的股利支付形式
- 了解股利支付程序
- 了解影响股利分配的因素

技能目标

- 能按照正确程序分配企业利润
- 能合理选择企业的股利政策
- 能正确区分现金股利和股票股利
- 能准确判断股利支付的几个重要日期

素质目标

- 培养利润分配理念
- 培养全局观念和整体意识

 **案例引入**

从秦可卿的家族财富管理理念看企业的利润分配

如果要问到《红楼梦》人物中兼具理财和管理才能的是谁，估计很多人首推荣国府首席管家王熙凤。可是当我们深入分析后却发现，最具科学理财观念和远见卓识的，应是宁国府的秦可卿。

秦可卿是《红楼梦》里"十二金钗"之一。在《红楼梦》第十三回，秦可卿知道自己即将不久于人世，前来和王熙凤话别，当时，贾府还正处于运势上升期，荣华富贵即将行至巅峰（不久贾府的大小姐贾元春即将加封贤德妃），整个家族可谓权倾一时。可是即使在这个时候，秦可卿依然有居安思危的意识，谆谆叮嘱王熙凤及时做好家族的财富管理。

她告诉王熙凤："常言：'月满则亏，水满则溢。'又道是：'登高必跌重。'如今我们家赫赫扬扬，已将百载，一日倘或乐极生悲，便应了那句'树倒猢狲散'的俗语。"然后又提出了自己的解决方案——"趁今日富贵，将祖茔附近多置田庄、房舍、地亩，以备祭祀、供给之费皆出自此处；将家塾亦设于此。合同族中长幼，大家定了则例，日后按房掌管这一年的地亩、钱粮、祭祀、供给之事。如此周流，又无争竞，亦无典卖诸弊。便是有罪，凡物可入官，这祭祀产业，连官也不入的。便败落下来，子孙回家读书务农，也有个退路，祭祀又可永继。"

短短的一席话，深刻地体现了秦可卿与众不同的家族财富管理理念，从中我们可以看出其有四个重要的理财观：第一，能够居安思危，在家族兴盛之际想到未来可能面临的风险，体现了其高屋建瓴的战略眼光；第二，通过祭祀的安排实现风险隔离，避免资产充公，保全家族财富；第三，利用祭祀财产的独立性，建议在祖坟周边建造房屋、良田，不断扩大祭祀产业，即使将来家族不幸落败，这些家业也不必充公没收，可以给族人留有落脚之地，可保衣食无忧；第四，重视子孙教育，提议每年投入固定资金扩大家塾规模，促家族复兴。

相对于秦可卿如此出众的风险意识和家族财富管理能力，被称为"贾府第一管家"的王熙凤的理财能力就过于浮躁，不甚稳妥了。她注重高利润，锱铢必较，乃至最后贾家被抄家时，其中朝廷给他们安的一个罪名就是重利盘剥，王熙凤就是始作俑者。所以说，在财富管理中，我们不应该一味追求收益率，而是要充分考虑自身财富管理的需求，有些需求能用报酬率衡量，而大部分需求都与报酬率没什么关系，即使需要考虑报酬率，也需要对相关理财产品进行充分筛选，并确认自己能够承受相应的风险，切莫因小失大。

如果秦可卿的那些话能够被王熙凤采纳，或许我们真能看到宁荣二府"兰桂齐芳"的美好结局。所谓"以史为镜，可以知兴替"，但愿《红楼梦》中所折射出的这些理念，能对我们当前企业的利润分配管理有所借鉴。

课堂笔记

任务一　利润分配认知

背景材料

东方公司为上市公司，2020 年有关资料如下：

（1）2020 年实现利润总额 2 500 万元，所得税税率为 25%。（无其他纳税调整事项）

（2）公司前 3 年累计亏损 1 500 万元。

（3）经董事会决定，法定盈余公积金的提取比例为 10%，任意盈余公积金的提取比例为 15%。

（4）支付 400 万普通股股利，每股 1 元。

学习任务

根据以上资料，编制东方公司 2020 年的利润分配表，把结果填入表 7-1 中。

表 7-1　利润分配表

编制单位：　　　　　　　　　　　　　　　　　　　　　　　　　　　　　　万元

项　目	行次	本年实际	上年实际
一、净利润	1		
加：年初未分配利润	2		
一般风险准备转入	3		
其他转入	4		
二、可供分配的利润	7		
减：提取一般风险准备	8		
提取法定盈余公积金	9		
提取法定公益金	10		
提取职工奖励及福利基金*	11		
提取储备基金*	12		
提取企业发展基金*	13		
三、可供投资者分配的利润	16		
减：应付优先股股利	17		
提取任意盈余公积金	18		
应付普通股股利	19		
转作资本（或股本）的普通股股利	20		
四、未分配利润	25		

注：带 * 的项目仅由外商投资证券公司填列。

任务目标

通过完成学习任务，认知利润分配的含义、原则及程序，能够按照正确的程序进行利润分配。

相关知识

一、利润分配的含义

利润分配是对收入初次分配结果进行的再分配，是将企业实现的净利润，按照国家财务制度规定的分配形式和分配顺序，在企业和投资者之间进行的分配，实质就是确定给投资者分红与企业留用利润的比例。可见，企业利润分配的主体是投资者和企业；利润分配的对象是企业实现的净利润；利润分配的时间，是利润分配义务发生的时间和企业做出决定向内向外分配利润的时间。

利润分配的过程与结果，关系到所有者的合法权益能否得到保护，关系到企业能否长期稳定发展。为此，企业必须加强利润分配的管理和核算。

二、利润分配的基本原则

利润分配是企业的一项重要工作。在利润分配的过程中，应遵循以下原则：

（一）依法分配原则

企业利润分配的对象是企业在一定会计期间实现的税后利润，即企业缴纳所得税后的净利润，这些利润是企业投资者拥有的权益，企业有权自主处置和分配。为规范企业的利润分配行为，国家制定和颁布了若干法规，规定了企业利润分配的基本要求、一般程序和重大比例，其目的是保障企业利润分配的有序进行，维护企业和所有者、债权人以及职工的合法权益，促使企业增加积累，增强风险防范能力。国家有关利润分配的法律和法规主要有《公司法》《外商投资企业法》等，企业在利润分配中必须切实执行上述法律、法规。利润分配在企业内部属于重大事项，企业的章程必须在不违背国家有关规定的前提下，对企业利润分配的原则、方法、决策程序等内容做出具体而又明确的规定，企业在利润分配中也必须按规定办事。

（二）资本保全原则

资本保全原则是责任有限的现代企业制度的基础性原则之一，企业在分配利润时不能侵蚀资本。利润的分配是对经营中资本增值额的分配，不是对资本金的返还。按照这一原则，一般情况下，企业如果存在尚未弥补的亏损，应首先弥补亏损，再进行其他分配。

（三）充分保护债权人利益原则

按照风险承担的顺序及其合同契约的规定，企业必须在利润分配之前偿清所有债权人到期的债务，否则不能进行利润分配。同时，在利润分配之后，企业还应保持一定的偿债能力，以免产生财务危机，危及企业生存。此外，企业在与债权人签订某些长期债务契约的情况下，其利润分配政策还应征得债权人的同意或审核方能执行。

（四）多方及长短期利益兼顾原则

利益机制是制约机制的核心，而利润分配得合理与否是利益机制最终能否持续发挥作用的关键。利润分配涉及投资者、经营者、职工等多方面的利益，企业必须兼顾，并尽可能地保持稳定的利润分配。在企业获得稳定增长的利润后，应增加利润分配的数额或百分比。同时，由于发展及优化资本结构的需要，除依法必须留用的利润外，企业仍可以出于长远发展的考虑，合理留用利润。在积累与消费关系的处理上，企业应贯彻积累优先的原则，合理确定提取盈余公积金和分配给投资者利润的比例，使利润分配真正成为促进企业发展的有效手段。

三、利润分配的程序

企业在利润分配前，应根据本年净利润（或亏损）与年初未分配利润（或亏损）、其他转入的金额（如盈余公积金弥补的亏损）等项目，计算出可供分配的利润。计算公式为：

$$可供分配的利润 = 本年净利润 + 年初未分配利润$$
$$（ - 弥补以前年度亏损）+ 其他转入的金额$$

如果可供分配的利润为负数（即亏损），则不能进行后续分配；如果可供分配的利润为正数（即本年累计盈利），则进行后续分配。

关于利润分配的程序，有关法律、法规对此都有明确的规定，公司必须按照相关规定对利润进行分配。一般包括如下程序：

（一）弥补以前年度亏损

如果公司以前年度发生了亏损，那么在当年度利润分配之前，应当先用公司的法定公积金弥补亏损，公司的法定公积金不足以弥补以前年度亏损的，在提取法定公积金之前，应当先用当年利润弥补亏损。并且如果是 5 年内的亏损，允许税前弥补，如果是 5 年以上未弥补的亏损，将不再允许税前扣除。

（二）计提法定盈余公积金

法定盈余公积金按照当年税后净利润（弥补亏损后）的 10% 提取。当法定盈余公积金累计额已达注册资本的 50% 时，可不再继续提取。具体公式为：

在年初存在累计亏损的情况下：
$$法定盈余公积金 = 抵减年初累计亏损后的本年净利润 \times 10\%$$
在年初不存在累计亏损的情况下：
$$法定盈余公积金 = 本年净利润 \times 10\%$$

提取的法定盈余公积金用于弥补以前年度亏损、扩大公司生产经营或转增公司资本金，但转增资本金后留存的法定盈余公积金余额不得低于注册资本的 25%。

思考与分析：可分配利润为正数，一定要提取法定盈余公积金吗？

（三）计提任意盈余公积金

任意盈余公积金是股份制企业按照公司章程或股东大会的决议，从可向投资者分配的利润中提取的公积金，其提取金额与用途可由公司自行决定。若公司在提取了法定盈余公积金之后，仍然觉得公司的留用资金不足，则可以通过股东会或者股东大会为公司设定任意盈余公积金。在会议通过之后，公司就可以从税后利润中提取任意盈余公积金，任意盈余公积金的金额也是由公司的股东在股东会上进行确认的。

（四）向股东支付股利（向投资者分配利润）

公司弥补亏损和提取公积金后所余税后利润，按照股东持有的股份比例或投资者出资比例分配，但《公司章程》或全体股东约定不按持股比例分配的除外。具体公式为：

可供股东分配的利润 = 可供分配的利润 – 从本年净利润中提取的公积金

公司可采用现金股利、股票股利、财产股利、负债股利等形式向投资者分配利润（或股利）。

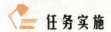

任务实施

扫码查看学习任务参考。

二维码 1
学习任务参考

任务二　股利理论与股利政策应用

课堂笔记

背景材料

2019 年东方公司获得 1 500 万元净利润，其中 300 万元用于支付股利。2019 年企业经营正常，在过去 5 年中，净利润增长率一直保持在 10%。预计 2020 年净利润将达到 1 800 万元，2020 年公司预期将有 1 200 万元的投资机会。预计东方公司未来无法维持 2020 年的净利润增长水平（2020 年的高水平净利润归因于 2020 年引进的盈余水平超常的新生产线），2021 年及以后公司仍将恢复到 10% 的增长率。2020 年公司的目标负债率为 40%，未来将维持在此水平。

学习任务

要求：分别计算在以下各种情况下东方公司 2020 年的预期股利，把计算结果填入表 7 - 2 内。

（1）公司采用剩余股利政策；

（2）公司采取固定或稳定增长的股利政策，设定 2020 年的股利水平旨在使股利能够按长期盈余增长率增长；

（3）公司保持 2020 年的股利支付率，即采用固定股利支付率政策；

（4）公司采用低正常股利加额外股利政策，低正常股利基于长期增长率，超额股利基于剩余股利政策（分别指明低正常股利和超额股利）。

表 7 - 2　股利计算表　　　　　　　　　　　　　　　万元

股利政策		股利
剩余股利政策		
固定或稳定增长的股利政策		
固定股利支付率的股利政策（2020 年的股利支付率）		
低正常股利加额外股利政策	低正常股利	
	超额股利	

 任务目标

通过完成学习任务，认知两种不同股利理论的观点、各种股利政策的含义及适用范围，掌握几种基本股利政策的应用。

 相关知识

一、股利政策的含义

股利政策是指在法律允许的范围内，企业是否发放股利、发放多少股利以及何时发放股利的方针及对策，主要包括是否发放股利、确定最佳股利政策、采用何种形式发放股利、股利的支付程序等内容。

股利政策的最终目标是使公司价值最大化。股利往往可以向市场传递一些信息，股利发放的多寡、是否稳定、是否增长等，往往是大多数投资者推测公司经营状况、发展前景优劣的依据。因此，股利政策通常是企业管理层对与股利有关的事项所采取的方针策略，政策成功与否，关系到公司在市场上、在投资者心中的形象，成功的股利政策有利于提高公司的市场价值。

二、股利理论

股利理论是指探讨股利支付与股票价值之间是否存在某种关系的理论。围绕着公司股利政策是否影响公司价值这一问题，主要有两种不同的股利理论：股利无关论和股利相关论。

（一）股利无关论

股利无关论是米勒与莫迪格利安尼于 1961 年提出的，又称"MM 理论"。这一理论认为，公司市场价值的高低，是由公司所选择的投资政策的获利能力和风险组合所决定的，而股利分配政策对公司的市场价值或股票价格不会产生影响。因此，投资者不关心公司股利的分配。

该理论是建立在完全资本市场理论之上的，又称为完全市场理论，包括如下假设：

（1）市场具有强式效率。

（2）不存在任何公司或个人所得税。

（3）不存在任何筹资费用（包括发行费用和各种交易费用）。

（4）公司的投资决策与股利决策彼此独立（公司的股利政策不影响投资决策）。

（5）股东在股利收入和资本增值之间并无偏好。

（二）股利相关论

在完全资本市场里，股利的确与公司的价值无关，公司价值只受制于未来的盈利水平。但现实不是完美的，所以股利无关论的假设条件不成立。即股利与企业价值相关，也就有了另一种理论——股利相关论。股利相关论的主要观点又具体分为"一鸟在手"理论、信号传递理论、税差理论、代理理论等。

1. "一鸟在手"理论

该理论最初叫作股利重要论，后经威廉姆斯、林特纳、华特和麦伦·戈登等发展为"一鸟在手"理论，又称"在手之鸟"理论。该理论源于"双鸟在林不如一鸟在手"，意思是说，股票价格波动太大，具有很大的不确定性，投资者又是风险厌恶型，在投资者看来，股利是确定的，而留存收益再投资所带来的资本利得因股价波动而具有不确定性，因此投资者将偏好股利（在手）而非资本利得（在林）。

"一鸟在手"理论认为，用留存收益再投资带给投资者的收益具有很大的不确定性，并且投资风险将随着时间的推移而进一步增大，因此，投资者更喜欢现金股利，而不大喜欢将利润留给公司。该理论主要是从股东的心理状态角度来说的，认为股利对于投资者非常重要，股东更倾向于装在口袋里的真金白银，期望企业多分配股利。

2. 信号传递理论

该理论的雏形始见于20世纪50—60年代，70年代末开始得到迅速的发展，罗斯对该理论在股利政策上的应用做了清晰的阐述。该理论放松了有效市场假设中的信息完全对称假设，认为公司管理层所掌握的信息更多，当公司有好消息时，公司不能通过直接向外界宣传来传递信息。因此经理人需要寻找一种传递信号的机制，而股利政策就是这样一种信号，当公司未来经营状况良好时，高的股利发放率会让投资者认为这是公司基本面良好的信号，因此会有更多的投资者愿意投资该公司，从而推高公司股价。而且这种信号不会被质量较低的公司所模仿，因为股利政策具有刚性，经营较差的公司可能会因为持续发放股利不堪重负而破产。

信号传递理论主要是从信息不对称角度说明的。该理论认为在公司管理者与投资者之间存在着信息不对称现象，股利政策可以作为从公司内部管理者传递给外部投资者的信号，向市场传递有关公司未来盈利能力的信息，从而会影响公司股价。该理论主张公司应支付较高的现金股利。

但是，鉴于投资者对股利信号信息的理解不同，所做出的对企业价值的判断也不同。如股利增长可能传递企业未来业绩大幅增长的信号，也可能传递企业没有前景好的投资项目的信号；股利减少可能传递企业未来出现衰退的信号，也可能传递企业有前景看好的投资项目的信号。

3. 税差理论

税差理论又称所得税差异理论或不对称税收理论，是指现金股利税与资本利得税有差异。这种差异表现在税率差与股东在支付税金时间点上的差异。该理论认为，由于普遍存在的税率以及纳税时间的差异，资本利得收益比股利收益更有助于实现收益最大化目标，公司应当采用低股利政策。因为税差影响了股东的利益，股东更偏向于资本利得，而不是股利支付。而股利分配方案需要股东大会通过，所以股东的偏好影响了股利分配，而股利分配与否又影响了企业现金流，所以最终影响了企业的价值。

税差理论说明当股利收益税率与资本利得税率存在差异时，将使股东在继续持有股票以期取得预期资本利得与立即实现股利收益之间进行权衡。就股东而言，收取同样数额的股利和资本利得所承担的税负可能是不一样的。因此，有人认为，股利发放存在税收上的不利之处，资本利得对股东而言更为有利。

4. 代理理论

现代企业管理制度一般为代理人制，由于代理人与股东的利益存在不一致的情况，就会出现由利益冲突而引起的额外费用，这就是代理成本。代理理论认为，发放股利能够有效地降低代理成本。首先，发放股利减少了公司经营者对现金流的支配权，减少或使其失去了谋求自身利益的"免费午餐"。其次，高股利政策减少了留存收益，为了满足投资所需资金，公司必然通过举债或发放新股的方式融通资金。一旦新资本进入公司，公司管理层将面临来自新债权人和新股东更严格的监督和检查。因此，股利支付有助于减少代理成本，这是对股东有利的。

代理理论是从股东与企业代理人之间的现实利益纠葛方面说明的。在所有权和经营权高度分离的现代企业中，股利支付可以缓解管理者与股东之间的利益冲突，即股利政策是协调股东与管理者之间代理关系的一种约束机制。同时，股利的支付能够有效地降低代理成本。但高水平的股利政策在降低企业代理成本的同时，也增加了外部融资成本，理想的股利政策应当使两种成本之和最小。

三、股利政策

股利政策既要保持相对稳定，又要符合公司财务目标和发展目标。在实际工作中，通常有以下几种股利政策可供选择。

（一）剩余股利政策

1. 剩余股利政策的含义及步骤

剩余股利政策是指在公司有着良好的投资机会时，根据一定的目标资本结构，测算出投资所需的权益资本额，先从盈余当中留用，然后将剩余的盈余作为股利予以分配。根据含义，可以看出本政策的观点：公司生产经营所获得的净收益首先应满足公司的权益资金需求（由目标资本结构决定的资本预算中权益资本的数额），如果还有剩余，则派发股利；如果没有剩余，则不派发股利。

剩余股利政策的理论依据是股利无关论。根据股利无关论，在完全理想的资本市场中，公司的股利政策与普通股每股市价无关，因此股利政策只需要随着公司投资、融资方案的制定而自然确定。按剩余股利政策分配股利的步骤如下：

（1）根据选定的最佳投资方案，测算投资所需的资本数额；

（2）按照公司的目标资本结构，测算投资所需要增加的股东权益资本数额；

（3）税后净利润首先用于满足投资所需要增加的股东权益资本数额；

（4）把满足投资需要后的剩余部分用于向股东分配股利。

可见，在这种分配政策下，只要存在有利的投资机会，就应当首先考虑其资金需要，最后考虑企业剩余收益的分配需要。

2. 剩余股利政策的优点

（1）留存收益优先保证再投资的需要，有助于降低再投资的资本成本。

（2）保持理想的资本结构，使企业综合资本成本最低。

（3）实现企业价值最大化的目标。

3. 剩余股利政策的缺点

（1）股利发放额会每年随投资机会和盈利水平的波动而波动。

（2）不利于投资者安排收入与支出。

（3）不利于公司树立良好的形象。

4. 剩余股利政策的适用范围

一般适用于公司初创阶段。

（二）固定或稳定增长的股利政策

1. 固定或稳定增长的股利政策的含义

固定或稳定增长的股利政策是指企业将每年发放的股利固定在某一相对稳定的水平上或是在此基础上维持某一固定比率逐年稳定增长，并在较长的时期内保持不变，只有当公司认为未来盈余会显著地、不可逆转地增长时，才提高年度的股利发放额。这是一种稳定的股利政策。

2. 固定或稳定增长的股利政策的优点

（1）稳定的股利向市场传递着公司正常发展的信息，有利于树立公司的良好形象，增强投资者对公司的信心，稳定股票的价格。

（2）稳定的股利有助于投资者安排股利收入和支出，有利于吸引那些打算进行长期投资并对股利有很高依赖性的股东。

（3）固定或稳定增长的股利政策可能会不符合剩余股利理论，但考虑到股票市场会受多种因素（包括股东的心理状态和其他要求）的影响，为了将股利或股利增长率维持在稳定的水平上，即使推迟某些投资方案或暂时偏离目标资本结构，也可能比降低股利或股利增长率更为有利。

3. 固定或稳定增长的股利政策的缺点

（1）股利的支付与企业的盈利相脱节，可能会导致企业资金紧缺，财务状况恶化。

思考与分析： 在剩余股利政策下，能否动用以前年度未分配利润分配股利？

（2）在企业无利可分的情况下，若依然实施固定或稳定增长的股利政策，也是违反《公司法》的行为。

（3）不能像剩余股利政策那样保持较低的资本成本。

4. 固定或稳定增长的股利政策的适用范围

通常适用于经营比较稳定或正处于成长期的企业，但很难被长期采用。

（三）固定股利支付率政策

1. 固定股利支付率政策的含义

固定股利支付率政策是指公司每年都从净利润中按固定的股利支付率发放现金股利。股利支付率一经确定，一般不得随意变更。

2. 固定股利支付率政策的优点

公司支付的股利与盈余状况紧密相关，体现了多盈多分、少盈少分、无盈不分的股利分配原则。

3. 固定股利支付率政策的缺点

（1）由于公司的盈利能力在不同年度间会发生变动，因此每年的股利也会随着公司收益的变动而变动，传递给投资者该公司经营不稳定、投资风险较大的信息，容易使股票价格发生较大波动，使公司形象受到影响。

（2）当企业没有足够的现金流支付较多的股利时，容易使公司面临较大的财务压力。

（3）确定合适的固定股利支付率也有一定的难度。

4. 固定股利支付率政策的适用范围

一般适用于那些处于稳定发展且财务状况也较稳定的公司。

（四）低正常股利加额外股利政策

1. 低正常股利加额外股利政策的含义

低正常股利加额外股利政策是指公司一般情况下每年只支付一个固定的、数额较低的股利，在盈余较多、资金较为充裕的年份，再根据实际情况向股东发放额外股利。但额外股利并不固定化，不意味着公司永久地提高了规定的股利支付率。

采用这种政策的企业首先要确定一个较低的固定的正常股利，即企业每年按一个固定的数额向股东支付正常股利，然后视公司的盈利状况以及对资金的需求情况确定各年的额外股利。这种股利政策既能保证股利支付的稳定，又能做到股利和盈余有较好的配合。因此，在公司的净利润与现金流量不够稳定时，采用这种股利政策对企业和股东都是有利的。

可以用以下公式表示：

$$Y = a + bX$$

式中：Y 表示每股股利；X 表示每股收益；a 表示低正常股利；b 表示额外股利支付比率。

2. 低正常股利加额外股利政策的优点

（1）赋予公司较大的灵活性，使公司在股利发放上留有余地，并具有较大的财务弹性。

（2）依靠股利度日的股东每年至少可以得到虽然较低但比较稳定的股利收入，从而吸引住这部分股东。

3. 低正常股利加额外股利政策的缺点

（1）股利派发缺乏稳定性，容易给投资者造成公司收益不稳定的感觉。

（2）当公司在较长时期发放额外股利后，额外股利可能会被股东误认为是正常股利，一旦取消，容易导致股价下跌。

4. 低正常股利加额外股利政策的适用范围

适用于盈利随着经济周期波动较大的公司或者盈利与现金流量很不稳定的公司。

四、股利分配的制约因素

股利分配政策从根本上说是税后利润分配政策，是企业财务管理的一项重要内容。股利分配政策不仅关系到投资收益的分配，而且关系到企业的投资、融资以及股票价格等各个方面。因此，制定一个正确、稳定的股利分配政策是非常重要的。一般来说，企业股利分配政策的制定应该综合考虑以下因素：

（一）法律因素

为了保护债权人和股东的利益，国家有关法规如《公司法》对企业股利分配有一定的硬性限制。这些限制主要体现在以下几个方面：

1. 资本保全约束

资本保全是企业财务管理应遵循的一项重要原则。它要求企业发放的股利或投资分红不得来源于资本（包括股本和资本公积金），而只能来源于企业当期税后利润或留存收益。其目的是防止企业任意减少资本结构中所有者权益（股东权益）的比例，以维护债权人的利益。

2. 资本积累约束

它要求企业在分配收益时，必须按一定的比例和基数提取各种公积金。按照法律规定，公司税后利润必须先提取法定公积金。此外还鼓励公司提取任意公积金，只有当提取的法定公积金达到注册资本的50%时，才可以不再提取。另外，它要求在具体的分配政策上，贯彻无利不分的原则，即当企业出现年度亏损时，一般不得给投资者分配利润。

3. 偿债能力约束

偿债能力是指企业按时足额偿付各种到期债务的能力。对股份公司而言，当其支付现金股利后会影响公司偿还债务和正常经营时，公司发放现金股利的数额要受到限制。基于对债权人的利益保护，如果一个公司已经无力偿付负债，或股利支付会导致公司失去偿债能力，则不能支付股利。

4. 超额累积利润约束

对于股份公司而言，由于投资者接受股利缴纳的所得税要高于进行股票交易的资本利得所缴纳的税金，因此许多公司可以通过积累利润使股价上涨的方式来帮助股东避税。西方许多国家都注意到了这一点，并在法律上明确规定公司不得超额累积利润，一旦公司留存收益超过法律认可的水平，将被加征额外税款。我国法律目前对此尚未做出规定。

（二）企业因素

公司出于长期发展与短期经营的考虑，需要综合考虑以下因素，并最终制定出切实可行的分配政策。

1. 筹资能力

如果一个公司筹资能力强，能够及时地从资金市场筹措到所需的资金，就可以按较高的比率支付股利。反之，如果企业筹资能力较弱，则应采取低股利政策。

2. 投资机会

当企业预期未来有较好的投资机会，对资金需求量较大，且投资收益大于投资者期望收益率时，企业应首先考虑将收益用于再投资的可能性，减少股利发放。只有这样，才有利于企业的长期发展，同时也能被广大的投资者所理解。相反，如果企业缺乏良好的投资机会，保留大量盈余会造成资金的闲置，可适当增加股利发放数额。正因为如此，处于成长中的企业多采取少分多留政策，而陷于经营收缩的企业多采取多分少留政策。

3. 盈余稳定状况

盈余相对稳定的企业能够较好地把握自己，因此有可能支付比盈余不稳定的企业更高的股利；盈余不稳定的企业由于对未来盈余的把握小，不敢贸然采取多分股利政策，而较多采取低股利支付率政策。

4. 公司资产的流动性

企业现金股利的支付会减少其现金持有量。如果企业持有大量的货币资金和其他流动资产，其变现能力较强，就可以采取较高的股利支付率；反之，则应该降低股利支付率。一般来说，企业不会为单纯追求发放高额股利而降低企业资产的流动性，增加企业的财务风险。

5. 其他因素

股利分配政策还会受到其他因素的影响。比如企业希望通过多发股利刺激公司股价上涨，促使已发行的可转换债券尽快地实现转换，从而达到调整资金结构的目的。再如，企业希望通过支付较多的股利刺激公司股价上扬，从而达到反兼并、反收购的目的等。

（三）股东因素

股东出于自身考虑，对公司的收益分配也会产生一些影响。

1. 控制权考虑

公司的股利支付率高，必然导致留存收益减少，这就意味着将来发行新股的可能性加大，而发行新股会稀释公司的控制权。高股利支付率会导致现有股东股权和盈利的稀释。降低股利支付率可以避免控制权的稀释。所以，为防止控制权的稀释，持有控股权的股东通常希望少募集权益资金，少分股利。

2. 避税考虑

低股利支付政策，可以给股东带来更多的资本利得收入，达到避税目的。所以，一些高收入的股东出于避税考虑（股利收入的所得税高于交易的资本利得税），往往要求限制股利的支付，增加留存收益，以便从股价上涨中获利。

3. 稳定收入考虑

一些股东往往靠定期的股利维持生活，他们要求公司支付稳定的股利，反对增加留存收益。如低收入阶层以及养老基金等机构投资者依靠股利维持生活的股东，就需要企业发放稳定的现金股利来维持生活或用于发放养老金等。

4. 规避风险考虑

在某些股东看来，通过增加留存收益引起股价上涨而获得的资本利得是有风险的，而目前所得股利是确定的，即便是现在较少的股利，也强于未来较多的资本利得，因此他们往往要求企业支付较多的股利，从而减少股东投资风险。

（四）其他因素

1. 通货膨胀的影响

在通货膨胀的情况下，企业固定资产折旧的购买水平会下降，会导致没有足够的资金来源重置固定资产。这时较多的留存利润就会当作弥补固定资产折旧购买力水平下降的资金来源，因此，在通货膨胀时期，企业股利政策往往偏紧。

2. 债务合同约束

为了保证自己的权益不受侵害，债权人通常都会在债务契约或债务合同中加入一些关于股利政策的限制条款。如果债务合同限制现金股利支付，公司只能采取低股利政策。

 任务实施

扫码查看学习任务参考。

二维码 2
学习任务参考

任务三　股利支付形式与支付程序

`课堂笔记`

 背景材料

上市公司东方公司 2019 年年末资产负债表上的股东权益情况如表 7−3 所示。

表 7-3　东方公司股东权益情况　　　　　　　　　　　万元

权益项目	金额
股本（面值 10 元，发行在外 1 000 万股）	10 000
资本公积金	10 000
盈余公积金	5 000
未分配利润	8 000
股东权益合计	33 000

 学习任务

要求：回答以下几个互不相关的问题：

（1）假设股票市价为 20 元，该公司宣布发放 10% 的股票股利（按照股票市价计算），即现有股东每持有 10 股即可获赠 1 股普通股。填写表 7-4，并分析发放股票股利后，股东权益有何变化？每股净资产是多少？

表 7-4　发放股票股利后股东权益情况　　　　　　　　万元

权益项目	发放股票股利
股本（面值 10 元，发行在外 1 100 万股）	
资本公积金	
盈余公积金	
未分配利润	
股东权益合计	

（2）假设该公司按照 1∶2 的比例进行股票分割。填写表 7-5，并分析股票分割后，股东权益有何变化？每股净资产是多少？

表 7-5　股票分割后股东权益情况　　　　　　　　　　万元

权益项目	股票分割
股本（面值 5 元，发行在外 2 000 万股）	
资本公积金	
盈余公积金	
未分配利润	
股东权益合计	

（3）为了调整资本结构，公司打算用现金按照现行市价 15 元回购 400 万股股票。填写表 7-6，并分析股票回购后，股东权益有何变化？每股净资产是多少？

表7-6　股票回购后股东权益情况　　　　　　　　　万元

权益项目	股票回购
股本（面值10元，发行在外600万股）	
资本公积金	
盈余公积金	
未分配利润	
股东权益合计	

（4）填写表7-7，分析股票股利、股票分割与股票回购的联系与区别。

表7-7　股票股利、股票分割与股票回购的联系与区别　　　万元

联系与区别	内容	股票股利	股票分割	股票回购
不同点	面值			
	股东权益结构			
	股利支付方式			
相同点	普通股股数			
	每股收益和每股市价			
	股东持股比例			
	资产总额、负债总额、股东权益总额			

任务目标

通过完成学习任务，掌握股利支付形式的含义及种类，掌握股利支付程序中的几个重要日期，理解股票分割和股票回购的影响及动机。

相关知识

一、股利支付的形式

（一）现金股利

现金股利是指企业以现金的方式向股东支付股利，也称为红利。

公司采用现金股利支付形式必须满足两个条件：一是要有足够的留存收益，二是要有足够的现金。现金支付股利会使企业资产和所有者权益同时减少。它是股利支付最常见的方式，也是最易被投资者接受的股利支付方式。

现金股利这种分红方式可以使股东获得直接的现金收益，方法简便，是分红的主要形式。但是在确定分派现金比例时，往往存在公司与股东之间的矛盾。分派现金过多，受到股东的欢迎，但是公司用于扩大再生产的资金就会减少，不利于公司的长远发展；而分派现金过少，虽然公司扩大再生产的资金会增加，但是股东的眼前利益会受到影响，从而影响公司股票的价格。

（二）财产股利

财产股利是指以现金以外的其他资产支付的股利，主要是以公司所持有的其他公司的有价证券，如股票、债券作为股利支付给股东，有时也可以用自己公司的产品等实物作为股利向股东分红，这样做既扩大了产品销路，又保留了现金。具体包括证券股利和实物股利。证券股利是指以本公司所持有的其他公司的有价证券或政府公债等证券作为股利发放，一般为额外股利；实物股利是指以公司的物资、产品或不动产等充当股利。

公司发放财产股利一般有以下原因：一是公司现金不足，但有较多的财产；二是公司拥有其他公司较多的有价证券。

（三）负债股利

负债股利是指以负债方式支付的股利，通常以公司的应付票据支付给股东，有时也以发行公司债券的方式支付股利。这些债券或应付票据既是公司支付的股利，又确定了股东对上市公司享有的独立债权。

通过这种分红形式，股东虽然没有得到现金收益，但是通过股东对公司所享有的债权，可以获得利息，也可达到股东的投资目的。

负债股利和财产股利实际上都是现金股利的替代方式，目前这两种股利方式在我国公司实务中很少使用，但并非法律所禁止。

（四）股票股利

1. 股票股利的含义及特点

股票股利是指股份有限公司以增发股票的方式向股东支付的股利，我国实务中通常也称其为红股。以股票作为股利，一般都是按在册股东持有股份的一定比例来发放的，对于不满一股的股利仍采用现金发放。股票股利和现金股利不同。股票股利的宣布及发放，既不构成公司的负债，又没有现金的流出，而只是股东权益项目的结构发生变化。因此，股票股利并不直接增加股东的财富，也不会影响公司的财产价值和每个股东的股权比例。具体形式有送股、配股等。

 小贴士

送股与配股

送股是指公司将红利或公积金转为股本，按增加的股票比例派送给股东。配股是指在增发股票时，以一定比例按优惠价格配售给股东股票。

2. 股票股利的优点

发放股票股利，对股东和公司而言意义重大。

1）对股东而言

（1）在理论上，派发股票股利后，每股市价会成反比例下降，但实务中这并非必然结果。因为，发放股票股利会传递给市场和投资者一种信号，就是公司会有较大发展和成长，这样将会使股价稳定或下降比例减小甚至不降反升，股东便可以获得股票价值相对上升的好处。

（2）由于股利收入和资本利得税率的差异，如果股东把股票股利出售，还会给他带来资本利得纳税上的好处。

2）对公司而言

（1）股票股利最大的优点就是节约现金支出，因为不需要向股东支付现金，因而常被现金短缺的企业所采用。在再投资机会较多的情况下，公司就可以为再投资提供成本较低的资金，从而有利于公司的发展。

（2）发放股票股利可以降低公司股票的市场价格，既有利于促进股票的交易和流通，又有利于吸引更多的投资者成为公司股东，进而使股权更为分散，有效地防止公司被恶意控制。

（3）股票股利的发放可以传递公司未来发展前景良好的信息，从而增强投资者的信心，在一定程度上可稳定股票价格。

在以上四种分红形式中，现金股利是西方最普遍的一种分红形式。目前，我国的上市公司主要采取现金股利和股票股利两种分红方式。在证券市场建立的初期，采取现金股利形式分红的上市公司较少，随着证券市场的发展，采取现金股利形式分红的公司越来越多，已成为上市公司分红的主要形式。此外，股票股利也是我国上市公司在分红过程中采用的一种重要形式。

思考与分析：
股票股利与现金股利的主要区别有哪些？

二、股利支付的程序

股份公司分配股利必须遵循法定程序，先由公司董事会提出分配预案，然后提交股东大会审议，股东大会决议通过分配预案之后，由董事会向股东宣布发放股利的方案，并在规定的股利发放日以约定的支付方式派发。股份有限公司向股东支付股利，前后要经历一个过程，涉及一些重要日期，依次为股利宣告日、股权登记日、除息日和股利支付日。

（一）股利宣告日

股利宣告日是指公司董事会将股东大会决议通过的本年度利润分配方案的情况以及发放股利情况予以公告的日期。在公告中将宣布每股股利、股权登记日、除息日和股利支付日等事项。我国的股份公司通常一年派发一次股利，也有在年中派发中期股利的。

（二）股权登记日

股权登记日是指董事会规定的有权领取本期股利的股东资格登记截止日期。凡是在此指定日期收盘之前取得公司股票，成为公司在册股东的投资者都可以作为股东享受公司分派的股利。在这一天之后在册的股东，即使是在股利支付日之前买入的股票，也无权领取本期分配的股利。

（三）除息日

除息日是指领取股利的权利即股利所有权与股票本身分离的日期，也称除权日。除息日的确定是证券市场交割方式决定的。

在除息日之前购买的股票才能领取本次股利，新购入股票的人不能享有股利。在我国，由于采用次日交割方式，上市公司的除息日通常是在股权登记日的下一个交易日。

（四）股利支付日

股利支付日是实际向股东发放股利的日期。在我国，上市公司支付给股东的股利在支付日这天自动划转到股东账户。

如某上市公司于2020年6月8日举行股东大会决议，通过股利分配方案，当日由董事会对外发布公告："公司董事会于2020年6月8日举行股东大会，决定2020年普通股每股分派现金股利0.5元，所有在6月18日前持有本公司股票的股东如将在6月17日登记，都将获得这一股利，这次股利将于2020年7月5日发放。"

本例中，6月8日为股利宣告日，6月17日为股权登记日，6月18日就是除息日，在这天之后购入股票的投资者就不能获得股利，如果市场有效，股票价格会在这日下跌，7月5日是股利的支付日。

三、股票分割与股票回购

（一）股票分割

1. 股票分割的含义

股票分割，又称拆股，是指将面额较高的股票交换成面额较低的股票的行为。

股票分割的主要目的在于通过增加股票股数降低每股市价，从而吸引更多的投资者。此外，股票分割往往是成长中公司的行为，所以宣布股票分割后容易给人一种公司正处于发展之中的印象，这种利好信息会在短时间内提高股价。但需要注意的是，股票分割不是股利支付方式。

股票分割对企业的财务结构不会产生任何影响，一般只会使发行在外的普通股股数增加、每股面值降低，并由此引起每股市价下跌，而资产负债表中的股东权益各账户（普通股、资本公积金、留存收益等）的余额都保持不变，股东权益合计数也维持不变。所以，实行股票分割，不会增加公司价值，也不会增加股东财富。

2. 股票分割的动机

从公司的角度来说，之所以要进行股票分割，其主要动机和目的在于：

（1）股票分割可使股价下跌。因为当股票价格超过一定限度后，一些投资者可能因价格过高而放弃投资。一些大公司为了迎合投资者的心理，进行股票分割，以期望股票在市场上的交易更加活跃。

（2）股票分割会给投资者信息上的满足。股票分割一般都是成长中的股价不断上涨的公司所采取的行动。公司宣布股票分割，这等于告诉投资者本公司的盈余还会继续大幅度增长。这一信息将会使投资者争相购买股票，引起股价上涨。

（3）股票分割在有些情况下也会增加股东的现金股利。一般来说，只有极少数的公司能在股票分割之后维持分割之前的每股股利，也可能使股东的实际股利增加。

 小贴士

股票反分割

股票反分割也称股票合并或逆向分割，是股票分割的相反行为，即将数股面额较低的股票合并为一股面额较高的股票。

（二）股票回购

1. 股票回购的含义

股票回购是指上市公司出资将其发行在外的普通股以一定价格购买回来予以注销或作为库存股的一种资本运作方式。公司不得随意收购本公司的股份，只有满足相关法律规定的情形才允许股票回购。

2. 股票回购的方式

公司在决定实施股票回购时，可以采取的方式通常有三种。

（1）公开市场回购是指公司在公开交易市场上以当前市价回购股票。

（2）要约回购是指公司在特定期间向股东发出的以高出当前市价的某一价格回购既定数量股票的要约，并根据要约内容进行回购。

（3）协议回购是指公司以协议价格直接向一个或几个主要股东回购股票。

无论采用哪种方式，都不能触犯相关法律法规，并应尽力减轻股票回购的负面效应。相反，若公司认为自己的股票价格太低，为了提高股价，可以采取反分割（也称股票合并）的措施。

3. 股票回购的动机

1）现金股利的替代

现金股利政策会对公司产生未来的派现压力，而股票回购不会。当公司有富余资金时，通过回购股东所持股票将现金分配给股东，这样，股东就可以根据自己的需要选择继续持有股票或出售获得现金。

2）改变公司的资本结构

无论是现金回购还是举债回购股票，都会提高公司的财务杠杆水平，改变公司的资本结构。公司认为权益资本在资本结构中所占比例较大时，为了调整资本结构而进行股票回购，可以在一定程度上降低整体资本成本。

3）传递公司信息

由于信息不对称和预期差异，证券市场上的公司股票价格可能被低估，而过低的股价将会对公司产生负面影响。一般情况下，投资者会认为股票回购是公司认为其股票价值被低估而采取的应对措施。

4）基于控制权的考虑

控股股东为了保证其控制权不被改变，往往采取直接或间接的方式回购股票，从而巩固既有的控制权。另外，股票回购使流通在外的股份数变少，股价上升，从而可以有效地防止敌意收购。

4. 股票回购的影响

（1）股票回购需要大量资金支付回购成本，容易造成资金紧张，降低资产流动性，影响公司的后续发展。

（2）股票回购无异于股东退股和公司资本的减少，也可能会使公司的发起人股东更注重创业利润的实现，从而不仅在一定程度上削弱对债权人利益的保护，而且忽视公司的长远发展，损害公司的根本利益。

（3）股票回购容易导致公司操纵股价。公司回购自己的股票容易导致其利用内幕消息进行炒作，加剧公司行为的非规范化，损害投资者的利益。

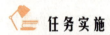

任务实施

扫码查看学习任务参考。

二维码 3
学习任务参考

素质培养

案例分析

二维码 4
案例分析

股利分配决策背后，"馅饼"还是"陷阱"？

在我国资本市场上，既有像贵州茅台每 10 股派发现金红利 145.39 元（含税）"最土豪"的分红，也有像"宇宙行"中国工商银行的慷慨，2019 年度每 10 股分红 2.628 元（含税），累计分红约 936.64 亿元，还有像精测电子，每 10 股送 5 股转 5 股并派 5 元现金股利的"高送转"概念的公司。当然，也不乏一毛不拔的"铁公鸡"上市公司，其背后的故事如何？是"馅饼"还是"陷阱"？

请分析：查阅资料，了解以上公司的股利分配政策，思考现金股利的优缺点。分析公司长期不分红可能带来的后果。

知识检测

一、单项选择题

1. 我国上市公司不得用于支付股利的权益资金是（　　　）。

A. 资本公积金　　　　　　　　　　B. 任意盈余公积金

C. 法定盈余公积金   D. 上年未分配利润

2. 下列关于股利分配理论的说法中，错误的是（   ）。

A. 税差理论认为，当股票资本利得税与股票交易成本之和大于股利收益税时，应采用高现金股利支付率政策

B. 客户效应理论认为，对于高收入阶层和风险偏好投资者，应采用高现金股利支付率政策

C. "一鸟在手"理论认为，由于股东偏好当期股利收益胜过未来预期资本利得，应采用高现金股利支付率政策

D. 代理理论认为，为解决控股股东和中小股东之间的代理冲突，应采用高现金股利支付率政策

3. 主要依靠股利维持生活的股东和养老基金管理人最不赞成的公司股利政策是（   ）。

A. 剩余股利政策   B. 固定或稳定增长的股利政策

C. 固定股利支付率政策   D. 低正常股利加额外股利政策

4. 甲公司 2019 年实现税后利润 1 000 万元，2019 年年初未分配利润为 200 万元，公司按净利润 10% 提取法定盈余公积金。预计 2020 年需要新增投资资本 500 万元，目标资本结构（债务:权益）为 4:6，公司执行剩余股利政策，2019 年可分配现金股利（   ）万元。

A. 600   B. 700   C. 800   D. 900

5. 实施股票分割和股票股利产生的效果相似，它们都会（   ）。

A. 降低股票每股面值   B. 减少股东权益总额

C. 降低股票每股价格   D. 改变股东权益结构

6. 在净利润和市盈率不变的情况下，公司实行股票反分割导致的结果是（   ）。

A. 每股收益上升   B. 每股面额下降

C. 每股市价下降   D. 每股净资产不变

7. 在以下股利政策中，有利于稳定股票价格，从而树立公司良好形象，但股利的支付与公司盈余相脱节的股利政策是（   ）。

A. 剩余股利政策   B. 固定或稳定增长的股利政策

C. 固定股利支付率政策   D. 低正常股利加额外股利政策

8. 甲公司 2019 年年初未分配利润 −100 万元，2019 年实现净利润 1 200 万元。公司计划 2020 年新增资本支出 1 000 万元，目标资本结构（债务:权益）为 3:7。法律规定，公司须按净利润 10% 提取法定盈余公积金。若该公司采取剩余股利政策。应发放现金股利（   ）万元。

A. 310   B. 400   C. 380   D. 500

9. 公司采用剩余股利政策分配股利，董事会正在制订 2019 年度的股利分配方案。在计算股利分配额时，不需要考虑的因素是（   ）。

A. 公司的目标资本结构   B. 2019 年年末的货币资金

C. 2019 年实现的净利润   D. 2020 年需要的投资资本

10. 以下股利分配政策中，最有利于稳定股价的是（　　）。

A. 剩余股利政策　　　　　　　　　B. 固定或稳定增长的股利政策

C. 固定股利支付率政策　　　　　　D. 低正常股利加额外股利政策

11. 公司采用固定股利支付率政策时，考虑的理由通常是（　　）。

A. 稳定股票市场价格　　　　　　　B. 维持目标资本结构

C. 保持较低资本成本　　　　　　　D. 使股利与公司盈余紧密配合

12. 下列关于股利分配政策的说法中，错误的是（　　）。

A. 采用剩余股利政策，可以保持理想的资本结构，使加权平均资本成本最低

B. 采用固定股利支付率政策，可以使股利和公司盈余紧密配合，但不利于稳定
股票价格

C. 采用固定或稳定增长的股利政策，当盈余较低时，容易导致公司资金短缺，
增加公司风险

D. 采用低正常股利加额外股利政策，股利和盈余不匹配，不利于增强股东对公
司的信心

13. 甲公司以持有的乙公司股票作为股利支付给股东，这种股利属于（　　）。

A. 现金股利　　　　　　　　　　　B. 负债股利

C. 股票股利　　　　　　　　　　　D. 财产股利

14. 如果上市公司以其应付票据作为股利支付给股东，则这种股利属于（　　）。

A. 现金股利　　　　　　　　　　　B. 股票股利

C. 财产股利　　　　　　　　　　　D. 负债股利

二、多项选择题

1. 以下关于剩余股利政策的表述中，错误的有（　　）。

A. 主要依靠股利维持生活的股东和养老基金管理人会不太赞同剩余股利政策

B. 采用剩余股利政策时，公司的资产负债率要保持不变

C. 所谓剩余股利政策，就是在公司有着良好的投资机会时，公司的盈余首先应
满足投资方案的需要。在满足投资方案需要后，如果还有剩余，再进行股利
分配

D. 采用剩余股利政策时，公司不能动用以前年度的未分配利润

2. 在我国，下列关于除息日表述正确的有（　　）。

A. 除息日的下一个交易日为股权登记日

B. 除息日交易的股票不再享有本次分红派息的权利

C. 在除息日前，股利权不从属于股票

D. 从除息日开始，新购入股票的投资者不能分享本次发放的股利

3. 我国上市公司可用于支付股利的权益资金是（　　）。

A. 资本公积金　　　　　　　　　　B. 股本

C. 本年实现的利润　　　　　　　　D. 上年未分配利润

4. 从下列哪些因素考虑股东往往希望公司提高股利支付率？（　　）

A. 规避风险　　　　　　　　　　B. 稳定股利收入

C. 防止公司控制权旁落　　　　　D. 避税

5. 下列情形中会使企业减少股利分配的有（　　）。

A. 市场竞争加剧，企业收益的稳定性减弱

B. 市场销售不畅，企业库存量持续增加

C. 经济增长速度减慢，企业缺乏良好的投资机会

D. 为保证企业的发展，需要扩大筹资规模

6. 下列有关表述中正确的有（　　）。

A. 在除息日之前，股利权从属于股票

B. 从除息日开始，新购入股票的投资者不能享有本次已宣告发放的股利

C. 在股权登记日当天买入股票的股东没有资格领取本期股利

D. 自除息日起的股票价格中不包含本次派发的股利

7. 下列关于股利分配政策的表述中，错误的有（　　）。

A. 处于衰退期的企业在制定收益分配政策时，应当优先考虑企业积累

B. 金融市场利率走势下降时，公司一般不应采用高现金股利政策

C. 基于控制权的考虑，股东会倾向于较高的股利支付水平

D. 债权人不会影响公司的股利分配政策

8. 公司基于不同的考虑会采用不同的股利分配政策。采用剩余股利政策的公司更多地关注（　　）。

A. 盈余的稳定性　　　　　　　　B. 公司的流动性

C. 投资机会　　　　　　　　　　D. 资本成本

9. 下列各项中，会导致企业采取低正常股利加额外股利政策的事项有（　　）。

A. 物价持续上升　　　　　　　　B. 金融市场利率走势下降

C. 资金的流动性较弱　　　　　　D. 企业盈余不稳定

10. 甲公司盈利稳定，有多余现金，拟进行股票回购用于将来奖励本公司的职工，在其他条件不变的情况下，股票回购产生的影响有（　　）。

A. 每股收益提高　　　　　　　　B. 每股面额下降

C. 资本结构变化　　　　　　　　D. 自由现金流减少

11. 甲公司注册资本1亿元，目前法定公积金余额为1 500万元。甲公司本年实现净利润为1 000万元。下列关于计提法定公积金的说法，正确的有（　　）。

A. 如果存在年初累计亏损为100万元，则本年计提的法定公积金为90万元

B. 如果不存在年初累计亏损，则本年计提的法定公积金为100万元

C. 如果存在年初累计亏损1 200万元，则本年计提的法定公积金为0

D. 如果存在年初累计亏损1 200万元，且都是5年前的亏损导致的，则本年计提的法定公积金为100万元

技能检测

1. 假定C公司2020年的税后净利润为6 800万元，目前的资本结构为：债务资本40%，权益资本60%。该资本结构也是下一年度的目标资本结构。如果2021年该

公司拥有一个很好的投资项目，需要投资 9 000 万元。该公司采用剩余股利政策，分配的股利和股利支付率是多少？

2. 某公司上年净利润 600 万元，今年年初公司讨论决定股利分配的数额。预计今年需要增加长期资本 800 万元。公司的目标资本结构是权益资本占 60%，债务资本占 40%，今年继续保持。按法律规定，至少要提取 10% 的公积金。公司采用剩余股利政策，应分配多少股利？

二维码 5
知识检测、技能
检测答案

总结评价

学生根据任务实施、素质培养的完成情况，对自己进行评价，并填写总结评价表如表 7-8 所示，对错误进行总结。

表 7-8　总结评价表

项目		等级评定	错题编号	对应知识点
任务实施	一			
	二			
	三			
案例分析				
知识检测				
技能检测				

注：等级评定为优秀、良好、一般、不及格。

下 篇
财务分析

财务分析

 学习目标

知识目标

- 了解财务分析的概念及意义
- 掌握企业财务分析的方法
- 掌握企业财务分析常用的指标
- 掌握企业财务状况的综合分析方法

技能目标

- 能利用报表数据计算常用的财务比率
- 能利用财务指标评价企业的财务状况、经营成果等
- 能在企业财务分析中灵活运用因素分析法
- 能运用杜邦分析法进行企业业绩评价
- 能正确利用财务指标对上市公司的财务进行分析

素质目标

- 培养自觉获取信息的能力
- 培养思维敏锐、细心踏实的职业精神

 **案例引入**

煮酒论英雄，财务细分析

古典名著《三国演义》中曹操煮酒论英雄是比较出名的一回。在第二十一回"曹操煮酒论英雄，关公赚城斩车胄"中，曹操青梅煮酒，邀请刘备一起开怀畅饮。席间，曹操探问刘备，请刘备试言天下英雄。

刘备一言：淮南袁术，兵粮足备，可为英雄？

曹操对曰：冢中枯骨。

刘备再言：河北袁绍，四世三公，虎踞冀州，部下能事者极多，可为英雄？

曹操对曰：袁绍色厉胆薄，好谋无断，干大事而惜身，见小利而忘命，非英雄。

刘备再言：人称八俊，威镇九州的刘景升，可为英雄？

曹操对曰：刘表虚名无实，非英雄。

刘备再言：血气方刚的江东领袖孙伯符，可为英雄？

曹操对曰：孙策籍父之名，非英雄。

刘备再言：益州刘季玉，可为英雄？

曹操对曰：刘璋虽系宗室，乃守户之犬，何足英雄！

刘备再列举张绣、张鲁、韩遂等。

曹操鼓掌大笑，此等碌碌小人，何足挂齿！

这是一段经典的对话，从财务的角度来看，完全可以看作是一份精彩的财务分析。

如果将刘备所说的英雄当作一份财务报表来看的话，曹操则是对这份报表进行分析并评价。曹操除了对袁术采用了诬骂的方式外，对其他人的分析和评价都比较透彻。如袁绍，色厉胆薄（外表强硬内心软弱），好谋无断（爱用计谋但不善于决断），干大事而惜身，见小利而忘命。如刘表，虚名无实。如孙策，是借父亲之名。再如刘璋，只是一个守旧者，守户之犬，闭关锁国者。其他都是碌碌小人，不足挂齿。

财务分析是在掌握充分的财务资料的情况下进行的。曹操对天下英雄，了如指掌，对他们的分析，可谓恰到好处。他最后说什么样的人才能称得上英雄呢？夫英雄者，胸怀大志，腹有良谋，有包藏宇宙之机，吞吐天地之志者也。这可以说是为人物分析提供了几个指标，也就是衡量英雄的标准。

其实我们的财务分析也离不开指标。不管是结构分析、比率分析还是趋势分析，都离不开指标。当然也有从偿债能力、营运能力、盈利能力和发展能力这几个方面进行分析的，同样也离不开指标。确定恰当的指标，便是财务分析正确与否的关键之一。

 课堂笔记

任务一　认知财务分析

背景材料

东方公司 2020 年 5 月购买某种原材料的费用实际数是 4 620 元，而其计划数是

4 000 元，实际数比计划数增加 620 元。具体资料如表 8 - 1 所示。

表 8 - 1　东方公司产品产量及材料消耗情况

项目	计划数	实际数
产品产量/件	100	110
单位产品材料消耗量/千克	8	7
材料单价/元	5	6
材料费用总额/元	4 000	4 620

 学习任务

要求：

（1）运用连环替代法，依次计算产品产量、单位产品材料消耗量和材料单价的变动对材料费用总额的影响。

（2）运用差额分析法，依次计算产品产量、单位产品材料消耗量和材料单价的变动对材料费用总额的影响。

任务目标

通过完成学习任务，掌握财务分析的含义、内容及分析方法。

 相关知识

一、财务分析的含义

财务分析是根据企业财务报表等信息资料，采用专门方法，系统分析和评价企业财务状况、经营成果以及未来发展趋势的过程。

财务分析的方法与工具众多，具体应用应根据分析者的目的而定。经常先用单指标、多指标进行综合分析，再结合参照值（如预算、目标等）运用比率、趋势、结构、因素分析法等进行分析，然后通过直观、人性化的格式（报表、图文报告等）展现给企业投资者、债权人、经营者等。

通过财务分析可以判断企业的财务实力；可以评价和考核企业的经营业绩，揭示财务活动存在的问题；可以挖掘企业潜力，寻求提高企业经营管理水平和经济效益的途径；可以评价企业的发展趋势。

二、财务分析的内容

财务分析信息的需求者众多，主要包括企业所有者、债权人、经营决策者及政府等，不同的主体对财务信息有不同的需求，具体如表 8 - 2 所示。

表 8 - 2 不同主体对财务信息的需求

需求者	关注信息	关注指标
所有者	关心资本的保值和增值状况	盈利能力分析
债权人	关注投资的安全性	偿债能力分析、盈利能力分析
经营决策者	关注企业经营理财的各方面，关注企业的财务风险和经营风险	偿债能力分析、营运能力分析、盈利能力分析、发展能力分析
政府	兼具多重身份，既是宏观经济的管理者，又是国有企业的所有者和重要的市场参与者	对企业财务分析的关注点因所具身份不同而异

为了满足不同主体的需求，财务分析的内容主要包括偿债能力分析、营运能力分析、盈利能力分析（获利能力分析）、发展能力分析、现金流量分析等。

三、财务分析的基础

财务分析的起点是财务报表，分析使用的数据大部分来源于公开发布的财务报表。因此，财务报表分析的基础主要是资产负债表、利润表和现金流量表三张基本会计报表。

（一）资产负债表

资产负债表是进行财务分析的一张重要财务报表，它提供了企业的资产结构、资产流动性、资金来源状况、负债水平以及负债结构等财务信息。分析者通过对资产负债表的分析，可以了解企业的偿债能力、营运能力等财务状况，为债权人、投资者以及企业管理者提供决策依据。

为便于说明，后面的财务分析以东方公司的报表为例，该公司的资产负债表如表 8 - 3 所示。

表 8 - 3 资产负债表

会企 01 表

编制单位：东方公司　　　　　　　　2019 年 1 月 31 日　　　　　　　　单位：元

资产	期末余额	年初余额	负债和所有者权益（或股东权益）	期末余额	年初余额
流动资产：			流动负债：		
货币资金	2 090 684.67	2 137 294	短期借款	100 000	100 000
交易性金融资产			交易性金融负债		
衍生金融资产			衍生金融负债		
应收票据	299 280	90 480	应付票据	46 400	46 400
应收账款	310 500		应付账款	730 336	190 920
预付款项	2 460		预收款项		
其他应收款			合同负债		
存货	942 357.60	271 808	应付职工薪酬	195 370	94 820

续表

资产	期末余额	年初余额	负债和所有者权益（或股东权益）	期末余额	年初余额
合同资产			应交税费	180 361.44	35 852
持有待售资产			其他应付款	71 700	71 700
一年内到期的非流动资产			持有待售负债		
其他流动资产			一年内到期的非流动负债		
流动资产合计	3 645 282.27	2 499 582	其他流动负债		
非流动资产：			流动负债合计	1 324 167.44	539 692
债权投资			非流动负债：		
其他债权投资			长期借款	500 000	500 000
长期应收款			应付债券		
长期股权投资			其中：优先股		
其他权益工具投资			永续债		
其他非流动金融资产			长期应付款		
投资性房地产			预计负债		
固定资产	3 760 220	3 611 810	递延收益		
在建工程			递延所得税负债		
生产性生物资产			其他非流动负债		
油气资产			非流动负债合计	500 000	500 000
无形资产	4 760		负债合计	1 824 167.44	1 039 692
开发支出			所有者权益（或股东权益）：		
商誉			实收资本（或股本）	5 000 000	5 000 000
长期待摊费用			其他权益工具		
递延所得税资产			其中：优先股		
其他非流动资产			永续债		
非流动资产合计	3 764 980	3 611 810	资本公积金		
			减：库存股		
			其他综合收益		
			盈余公积金	14 340	14 340
			未分配利润	571 754.83	57 360
			所有者权益（或股东权益）合计	5 586 094.83	5 071 700
资产总计	7 410 262.27	6 111 392	负债和所有者权益（或股东权益）总计	7 410 262.27	6 111 392

（二）利润表

通过利润表可以考察企业利润计划的完成情况，分析企业的获利能力以及利润增减变化的原因，预测企业利润的发展趋势，为投资者及企业管理者等各方面提供财务信息。东方公司的利润表如表8-4所示。

表8-4　利润表

会企02表

编制单位：东方公司　　　　　　　　2019年1月31日　　　　　　　　　　单位：元

项　　目	本期金额	上期金额（略）
一、营业收入	1 216 948.28	389 000
减：营业成本	436 720.4	156 592
税金及附加	808.77	
销售费用	9 880	13 980
管理费用	30 793	26 000
研发费用		3 228
财务费用	3 386.33	3 228
其中：利息费用	4 003	
利息收入	616.67	
加：其他收益		
投资收益（损失以"-"号填列）		
公允价值变动收益（损失以"-"号填列）		
信用减值损失（损失以"-"号填列）		
资产减值损失（损失以"-"号填列）		
资产处置收益（损失以"-"号填列）		
二、营业利润（亏损以"-"号填列）	735 359.78	195 200
加：营业外收入	500	1 000
减：营业外支出	50 000	5 000
三、利润总额（亏损总额以"-"号填列）	685 859.28	191 200
减：所得税费用	171 464.95	47 800
四、净利润（净亏损以"-"号填列）	514 394.83	143 400

（三）现金流量表

现金流量表为会计报表使用者提供企业一定会计期间内现金和现金等价物流入和流出的信息，以便于财务报表使用者了解和评价企业获取现金和现金等价物的能力，并据以预测企业未来现金流量。东方公司的现金流量表如表8-5所示。

表 8－5 现金流量表

会企 03 表

编制单位：东方公司　　　　　　　　　　2019 年 1 月 31 日　　　　　　　　　　单位：元

项　　目	行次	金额
一、经营活动产生的现金流量：	1	
销售商品、提供劳务收到的现金	2	892 360.00
收到的税费返还	3	0
收到其他与经营活动有关的现金	4	10 716.67
经营活动现金流入小计	5	903 076.67
购买商品、接受劳务支付的现金	6	559 620.00
支付给职工以及为职工支付的现金	7	96 463.00
支付的各项税费	8	47 800.00
支付其他与经营活动有关的现金	9	95 600.00
经营活动现金流出小计	10	799 483.00
经营活动产生的现金流量净额	11	103 593.67
二、投资活动产生的现金流量：	12	
收回投资收到的现金	13	0
取得投资收益收到的现金	14	0
处置固定资产、无形资产和其他长期资产收回的现金净额	15	0
处置子公司及其他营业单位收到的现金净额	16	0
收到其他与投资活动有关的现金	17	0
投资活动现金流入小计	18	0
购建固定资产、无形资产和其他长期资产支付的现金	19	146 200.00
投资支付的现金	20	0
取得子公司及其他营业单位支付的现金净额	21	0
支付其他与投资活动有关的现金	22	0
投资活动现金流出小计	23	146 200.00
投资活动产生的现金流量净额	24	－146 200.00
三、筹资活动产生的现金流量：	25	
吸收投资收到的现金	26	0
取得借款收到的现金	27	0
收到其他与筹资活动有关的现金	28	0
筹资活动现金流入小计	29	0
偿还债务支付的现金	30	0
分配股利、利润或偿付利息支付的现金	31	4 003.00
支付其他与筹资活动有关的现金	32	0

续表

项　目	行次	金额
筹资活动现金流出小计	33	4 003.00
筹资活动产生的现金流量净额	34	− 4 003.00
四、汇率变动对现金及现金等价物的影响	35	
五、现金及现金等价物净增加额	36	− 46 609.33
加：期初现金及现金等价物余额	37	2 137 294.00
六、期末现金及现金等价物余额	38	2 090 684.67

四、财务分析的方法

（一）比较分析法

1. 比较分析法的含义与种类

比较分析法，是指对两个或两个以上的可比数据进行对比，找出企业财务状况、经营成果中的差异与问题。

比较分析的目的是说明财务信息之间的数量关系与数量差异，为进一步的分析指明方向。这种比较可以是将实际与计划相比，可以是本期与上期相比，也可以是与同行业的其他企业相比。因此，比较分析法又分为以下三类：

（1）趋势分析法。

趋势分析法是指与本企业的历史进行比较分析。用于进行趋势分析的数据既可以是绝对值，也可以是比率或百分比数据，目的是揭示企业财务状况和经营成果的变化及其原因、性质，帮助预测未来。

（2）横向比较法。

横向比较法是指与同类企业的比较分析。

（3）预算差异分析法。

预算差异分析法是指本企业实际数据与计划预算数据的比较分析。

2. 比较分析法的具体运用

比较分析法的具体运用主要有重要财务指标的比较、会计报表的比较和会计报表项目构成的比较三种方式。

（1）重要财务指标的比较。

$$定基动态比率 =（分析期数额 / 固定基期数额）\times 100\%$$
$$环比动态比率 =（分析期数额 / 前期数额）\times 100\%$$

（2）会计报表的比较。

（3）会计报表项目构成的比较。

3. 采用比较分析法的注意事项

（1）用于对比的各个时期的指标，其计算口径必须保持一致。

（2）应剔除偶发性项目的影响，使分析所利用的数据能反映正常的生产经营状况。

（3）应运用例外原则对某项有显著变动的指标做重点分析，研究其产生的原因，以便采取对策，趋利避害。

（二）比率分析法

1. 比率分析法的含义与种类

比率分析法是通过计算各种比率指标来确定财务活动变动程度的方法。比率分析在于通过指标的比较，研究各项目的内在联系与规律性。通过对财务比率的分析，重在了解企业的财务状况和经营成果。

财务比率指标的类型主要有构成比率、效率比率和相关比率三类。

（1）构成比率。

构成比率又称结构比率，是某项财务指标的各组成部分数值占总体数值的百分比，反映部分与总体的关系。计算公式为：

$$构成比率 = （某个组成部分数值 / 总体数值）\times 100\%$$

（2）效率比率。

效率比率是某项财务活动中所得与所费的比率，反映产出与投入的关系。计算公式为：

$$效率比率 = （所得 / 所费）\times 100\%$$

（3）相关比率。

相关比率是以某个项目和与其有关但又不同的项目加以对比所得的比率，反映有关经济活动的相互关系。计算公式为：

$$相关比率 = （某一指标 / 另一相关指标）\times 100\%$$

2. 采用比率分析法的注意事项

（1）对比项目的相关性，如比率指标的分子分母必须具有相关性。

（2）对比口径的一致性，即分子分母的口径要一致。

（3）衡量标准的科学性。

（三）因素分析法

因素分析法是依据分析指标与其影响因素的关系，从数量上确定各因素对分析指标的影响方向和影响程度的一种方法。

因素分析法具体有两种：连环替代法和差额分析法。

1. 连环替代法

连环替代法，是将分析指标分解为各个可以计量的因素，并根据各个因素之间的依存关系，顺次用各因素的比较值（通常为实际值）替代基准值（通常为标准值或计划值），据以测定各因素对分析指标的影响。

连环替代法的具体思路为：设某一财务指标 N 是由相互联系的 A、B、C 三个因素组成的，计划（标准）指标和实际指标的公式为：

$$计划（标准）指标 N_0 = A_0 \times B_0 \times C_0$$

$$实际指标 N_1 = A_1 \times B_1 \times C_1$$

该实际指标与计划（标准）指标的差异 D 为 $N_1 - N_0$，可能同时是三个因素变动的影响。在测定各个因素的变动对指标 N 的影响程度时可顺序计算如下：

$$计划（标准）指标 N_0 = A_0 \times B_0 \times C_0 \tag{1}$$
$$第一次替代 N_2 = A_1 \times B_0 \times C_0 \tag{2}$$
$$第二次替代 N_3 = A_1 \times B_1 \times C_0 \tag{3}$$
$$第三次替代实际指标 N_1 = A_1 \times B_1 \times C_1 \tag{4}$$

据此测定的结果是：

（2）－（1）$= N_2 - N_0$……………为 A 因素变动的影响

（3）－（2）$= N_3 - N_2$……………为 B 因素变动的影响

（4）－（3）$= N_1 - N_3$……………为 C 因素变动的影响

把各因素变动的影响程度综合起来，则：

$$(N_2 - N_0) + (N_3 - N_2) + (N_1 - N_3) = N_1 - N_0$$

采用这种方法分析的目的在于，当有若干个因素对分析对象发生影响时，假定其他各个因素都无变化，顺序确定每一个因素单独发生变化所产生的影响。注意，如果将各个因素替代的顺序改变，则各个因素的影响程度也就不同。

2. 差额分析法

$$A 因素变动的影响 = (A_1 - A_0) \times B_0 \times C_0$$
$$B 因素变动的影响 = A_1 \times (B_1 - B_0) \times C_0$$
$$C 因素变动的影响 = A_1 \times B_1 \times (C_1 - C_0)$$

计算某一个因素的影响时，必须把公式中的该因素替换为实际指标与计划（标准）指标之差。

3. 采用因素分析法时需注意的问题

（1）因素分解的关联性。

（2）因素替代的顺序性。

（3）顺序替代的连环性。

（4）计算结果的假定性。

五、财务分析的局限性

（一）资料来源的局限性

（1）报表数据的时效性问题。

（2）报表数据的真实性问题。

（3）报表数据的可靠性问题。

（4）报表数据的可比性问题。

（5）报表数据的完整性问题。

（二）财务分析方法的局限性

（1）比较分析法要求比较的双方必须具有可比性。

（2）比率分析法的综合程度较低，另外，比率指标提供的信息与决策之间的相关性不高。

（3）因素分析法的一些假定往往与事实不符。

（4）在进行财务分析时，分析者往往只注重数据的比较，而忽略经营环境的变化，得出的分析结论是不全面的。

（三）财务分析指标的局限性

（1）财务指标体系不严谨。

（2）财务指标所反映的情况具有相对性。

（3）财务指标的评价标准不统一。

（4）财务指标的比较基础不统一。

 任务实施

扫码查看学习任务参考。

二维码1
学习任务参考

任务二　财务比率分析

课堂笔记

 背景材料

根据东方公司的资产负债表、利润表、现金流量表，如表 8-3～表 8-5 所示，假设公司有普通股 50 000 股，非经营净收益 1 116.67 元，非付现费用 3 230 元。

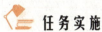 **学习任务**

利用报表中已知数据计算各类财务比率，填在表 8-6 中。

表 8-6　各类财务比率计算表

分析内容	具体指标	本期	上期
盈利能力分析	销售毛利率		
	销售净利率		
	总资产净利率		——
	净资产收益率		——

续表

分析内容	具体指标		本期	上期
偿债能力分析	短期偿债能力	营运资金		
		流动比率		
		速动比率		
		现金比率		
	长期偿债能力	资产负债率		
		产权比率		
		权益乘数		
		利息保障倍数		
发展能力分析	销售收入增长率			
	总资产增长率			
	营业利润增长率			
	资本保值增值率			
	资本积累率			
营运能力分析	应收账款周转率	应收账款周转次数		
		应收账款周转天数		
	存货周转率	存货周转次数		
		存货周转天数		
	流动资产周转率	流动资产周转次数		
		流动资产周转天数		
	固定资产周转率	固定资产周转次数		
		固定资产周转天数		
	总资产周转率			
现金流量分析	获取现金能力分析	销售现金比率		
		每股营业现金净流量		
		全部资产现金回收率		
	收益质量分析	净收益营运指数		
		现金营运指数		

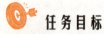 任务目标

通过完成学习任务，掌握各类财务指标的计算与分析方法。

 相关知识

财务比率分析最主要的好处就是可以消除规模的影响，用来比较不同企业的收益与风险，从而帮助投资者和债权人做出理智的决策。它可以评价某项投资在各年之间

收益的变化，也可以在某一时点比较某一行业的不同企业。由于不同的决策者对信息的需求不同，所以使用的分析技术也不同。

一、盈利能力分析

盈利是企业的重要经营目标，是企业生存和发展的物质基础，它不仅关系到企业所有者的利益，也是企业偿还债务的一个重要来源。盈利能力是指企业赚取利润的能力，是各方面关心的核心，也是企业成败的关键，只有长期盈利，企业才能真正做到持续经营。因此无论是投资者还是债权人，都对反映企业盈利能力的比率非常重视。盈利能力指标主要通过收入与利润之间的关系、资产与利润之间的关系反映。反映企业盈利能力的指标主要有销售毛利率、销售净利率、总资产净利率和净资产收益率。

（一）销售毛利率

销售毛利率是销售毛利与销售收入的比率。计算公式为：

$$销售毛利率 = 销售毛利 / 销售收入$$

其中：

$$销售毛利 = 销售收入 - 销售成本$$

这里要注意，销售收入中不包括企业发生的和正常经营没有直接关系的其他利润。计算出的销售毛利率，表示每1元销售收入净额扣除销售成本后，有多少剩余可以用于各项期间费用和形成盈利。销售毛利率越大，说明企业经营活动的盈利能力越强。

（二）销售净利率

销售净利率是企业净利润与销售收入（净额）的比率。计算公式为：

$$销售净利率 = 净利润 / 销售收入$$

一般来说，销售净利率越高，说明企业从销售收入中获取净利润的能力越强；销售净利率越低，说明企业从销售收入中获取净利润的能力越弱。影响销售净利率的因素较多，主要有商品质量、成本、价格、销售数量、期间费用及税金等，分析时应结合具体情况做正确评价，以促使企业改进经营管理，提高获利能力。

（三）总资产净利率

总资产净利率是净利润与平均总资产的比率。计算公式为：

$$总资产净利率 = （净利润 / 平均总资产）\times 100\%$$
$$总资产净利率 = 净利润 / 平均总资产$$
$$= （净利润 / 销售收入）\times （销售收入 / 平均总资产）$$
$$= 销售净利率 \times 总资产周转率$$

其中：

$$平均总资产 = （期初总资产 + 期末总资产）/2$$

一般来说，总资产净利率越高，说明企业利用全部资产的获利能力越强；总资产净利率越低，说明企业利用全部资产的获利能力越弱。总资产净利率与净利润成正比，与平均总资产成反比，分析工作应从这两个方面进行。

（四）净资产收益率

净资产收益率也称权益净利率或权益报酬率，是净利润与所有者权益平均余额之比。计算公式为：

$$净资产收益率 = （净利润／所有者权益平均余额）\times 100\%$$
$$= （净利润／平均总资产）\times （平均总资产／平均净资产）$$
$$= 总资产净利率 \times 权益乘数$$
$$= 销售净利率 \times 总资产周转率 \times 权益乘数$$

该指标是分析评价企业盈利能力指标的核心，也是杜邦财务指标体系的核心，更是投资者关注的重点，反映所有者对企业投资部分的盈利能力，是上市公司对外必须披露的信息内容，也是决定上市公司能否配股进行再融资的重要依据。一般来说，净资产收益率越高，说明企业所有者权益的获利能力越强，股东和债权人的利益保障程度越高；净资产收益率越低，说明企业所有者权益的获利能力越弱，股东和债权人的利益保障程度越低。如果企业的净资产收益率在一段时期内持续增长，说明资本盈利能力稳定上升。但净资产收益率不是一个越高越好的概念，分析时要注意企业的财务风险。

二、偿债能力分析

偿债能力是财务管理的重要指标，是指企业偿还到期债务（包括本息）的能力。偿债能力包括短期偿债能力和长期偿债能力。

（一）短期偿债能力分析

短期偿债能力是指企业偿还短期债务的能力。短期偿债能力不足，不仅会影响企业的资信，增加今后筹集资金的成本与难度，还可能使企业陷入财务危机，甚至破产。一般来说，企业应该以流动资产偿还流动负债，而不应靠变卖长期资产，所以通常用流动资产与流动负债的数量关系来衡量短期偿债能力。

1. 营运资金

营运资金是指流动资产超过流动负债的部分。计算公式为：

$$营运资金 = 流动资产 - 流动负债$$

营运资金为正，说明企业财务状况稳定，不能偿债的风险较小。反之，当营运资金为负时，说明企业部分非流动资产以流动负债作为资金来源，企业不能偿债的风险很大。

另外需要注意的是，该指标为绝对数指标，不便于不同企业之间的比较。

2. 流动比率

流动比率是企业流动资产与流动负债之比。计算公式为：

$$流动比率 = 流动资产／流动负债$$

流动比率表明企业每 1 元流动负债有多少流动资产作为偿还保证，反映企业用可在短期内转变为现金的流动资产偿还到期流动负债的能力。流动比率越高，说明资产流动性越大，短期偿债能力越强。但过高的流动比率，不等于企业有足够的现金或存款用来偿债，说明企业有较多资金滞留在流动资产上未加以更好运用，可能影响获利能力。过去很长一段时间里人们通常认为，生产型企业合理的最低流动比率为2，但最近几十年，企业的经营方式和金融环境发生了很大变化，流动比率有下降的趋势，许多成功企业的流动比率都低于2。

作为衡量短期偿债能力最常用的比率，流动比率是否合理，不同行业、企业以及同一企业不同时期的评价标准是不同的。从债权人角度看，流动比率越高越好；从企业经营者角度看，过高的流动比率，意味着机会成本的增加和获利能力的下降。

3. 速动比率

速动比率是企业速动资产与流动负债的比率。计算公式为：

$$速动比率 = 速动资产/流动负债$$

所谓速动资产，是指流动资产减去变现能力较差且不稳定的存货等之后的余额。构成流动资产的各项目，流动性差别很大。其中货币资金、以公允价值计量且其变动计入当期损益的金融资产和各种应收款项，可以在较短时间内变现，称为速动资产；另外的流动资产，包括存货、预付款项、一年内到期的非流动资产和其他流动资产等，属于非速动资产。财务报表中如有应收利息、应收股利和其他应收款项目，可视情况归入速动资产项目。一般的计算公式为：

$$速动资产 = 货币资金 + 交易性金融资产 + 应收账款 + 应收票据$$
$$= 流动资产 - 存货 - 预付账款 - 一年内到期的非流动资产 - 其他流动资产$$

速动比率反映企业短期内可变现资产偿还短期内到期债务的能力。一般情况下，速动比率越高，说明企业偿还流动负债的能力越强。国际上通常认为，速动比率等于1时较为适当。如果速动比率小于1，必使企业面临很大的偿债风险；如果速动比率大于1，尽管企业偿债的安全性很高，但却会因企业现金及应收账款占用过多而大大增加企业的机会成本。因此，对速动比率进行分析时，还要注重应收账款变现能力的分析。

4. 现金比率

现金比率是现金及现金等价物的期末余额与流动负债之比。计算公式为：

$$现金比率 = (货币资金 + 以公允价值计量且其变动计入当期损益的金融资产)/流动负债$$

现金比率剔除了应收账款对偿债能力的影响，最能反映企业直接偿付流动负债的能力，表明每1元流动负债有多少现金资产作为偿债保障。一般来说，现金比率越高，说明资产的流动性越强，短期偿债能力越强，但同时表现企业持有大量不能产生收益的现金，可能会使企业获利能力降低；现金比率越低，说明资产的流动性越差，短期偿债能力越弱。经验研究表明，0.2的现金比率就可以接受。一般而言，流动比率≥速动比率≥现金比率。

（二）长期偿债能力分析

长期偿债能力是指企业偿还长期负债的本金和利息的能力。一般来说，企业借长期负债主要是用于长期投资，因而最好是用投资产生的收益偿还利息与本金。反映还本能力的指标主要有资产负债率、产权比率、权益乘数，反映付息能力的指标主要有利息保障倍数。

1. 资产负债率

资产负债率，也称负债比率，指一定时期内企业负债总额和资产总额的比率。计算公式为：

$$资产负债率 = （负债总额／资产总额）× 100\%$$

资产负债率用来衡量企业利用债权人提供的资金进行经营活动的能力，衡量企业负债水平的高低情况。一般来说，资产负债率越高，债权人发放贷款的安全程度越低，企业偿还长期债务的能力越弱；资产负债率越低，债权人发放贷款的安全程度越高，企业偿还长期债务的能力越强。

2. 产权比率

产权比率是负债总额与所有者权益总额的比率。计算公式为：

$$产权比率 = （负债总额／所有者权益总额）× 100\%$$
$$= 资产负债率／(1 - 资产负债率)$$

产权比率用来表明由债权人提供的和由投资者提供的资金来源关系，反映企业基本财务机构是否稳定。一般来说，产权比率越高，说明企业偿还长期债务的能力越弱；产权比率越低，说明企业偿还长期债务的能力越强。

3. 权益乘数

权益乘数是总资产与股东权益的比率。计算公式为：

$$权益乘数 = 总资产／股东权益$$
$$= 1 + 产权比率 = 1/(1 - 资产负债率)$$

权益乘数反映了资产总额是股东权益的多少倍。该乘数越大，说明所有者投入的资本在资产中所占比重越小。产权比率和权益乘数是资产负债率的另外两种表现形式，和资产负债率的性质一样，是常用的反映财务杠杆水平的指标。

4. 利息保障倍数

利息保障倍数也称已获利息倍数，是指企业息税前利润与应付利息之比。计算公式为：

$$利息保障倍数 = 息税前利润／应付利息$$
$$= （净利润 + 利润表中的利息费用 + 所得税）／应付利息$$
$$= （利润总额 + 利息费用）／利息费用$$

其中：分子中的息税前利润是指利润表中未扣除利息费用和所得税前的利润，分母中的应付利息是指本期发生的全部应付利息，不仅包括财务费用中的利息费用，还包括应计入固定资产成本的资本化利息。

利息保障倍数考察企业的营业利润是否足以支付当年的利息费用，它从企业经营活动的获利能力方面分析其长期偿债能力。一般来说，这个指标越大，说明企业支付债务利息的能力越强，企业长期偿债能力越强；这个指标越小，说明企业支付债务利息的能力越弱，企业长期偿债能力越弱。从长期看，利息保障倍数至少要大于1（国际公认标准为3）。而在短期内，利息保障倍数小于1，企业也仍然具有利息支付能力。因为计算息税前利润时减去的一些折旧和摊销费用并不需要支付现金。

(三) 影响偿债能力的其他因素

除了上述通过资产负债表、利润表中有关项目之间的内在联系计算出来的各种比率，用以评价和分析企业的偿债能力外，还有一些其他因素影响企业的偿债能力，必须引起足够的重视。

1. 可动用的银行贷款指标

可动用的银行贷款指标是指银行已经批准而企业尚未办理贷款手续的银行贷款额度。这种贷款指标可以随时使用，增加企业的现金，提高企业的偿债能力。这一数据不在财务报表中反映，必要时应在财务状况说明书中予以说明。

2. 准备很快变现的长期资产

由于某种原因，企业可能将一些长期资产很快出售变为现金，增加短期偿债能力。企业出售长期资产，一般情况下都要经过慎重考虑，企业应根据目前利益和长期利益的辩证关系，正确决定出售长期资产的问题。如果企业存在很快变现的长期资产，会增加企业的短期偿债能力。

3. 或有事项

或有事项是指过去交易或事项形成的一种状况，其结果需通过不完全由企业控制的未来不确定事项的发生或不发生予以证实。或有事项的特点是其结果的不确定性，表现为时间的不确定性或金额上的不确定性，且企业不能完全控制。对或有事项的处理方法要取决于未来的发展。或有事项一旦发生，会对企业的财务状况造成影响，因此，企业应对它们予以足够的重视，在分析企业偿债能力时也要考虑它们的潜在影响。因为或有事项的存在会增加企业的潜在偿债压力，降低偿债能力。

4. 租赁活动

当企业急需某种设备或资产而又缺乏足够的资金时，可以通过租赁方式解决。财产租赁有两种形式：经营租赁和融资租赁。采用融资租赁方式，租入的固定资产都作为企业的固定资产入账，租赁费用作为企业的长期负债入账。但是，经营租赁的资产，其租赁费用并未包含在负债之中。当企业的经营租赁量比较大，期限比较长或具有经常性时，则构成了一种长期性筹资，其租金又不包括在长期负债之内，但到期时必须支付租金，这会在一定程度上降低企业的偿债能力。因此，如果企业经常发生经营租赁业务，应考虑租赁费用对偿债能力的影响。

三、发展能力分析

发展能力是企业在生存的基础上，扩大生产规模、壮大自身实力的潜力。在考察企业发展潜力时，可以通过企业在过去几年中销售收入、销售利润、净利润等指标的增长幅度来预测其未来的增长前景，通常主要考察以下指标：销售收入增长率、总资产增长率、营业利润增长率、资本保值增值率、资本积累率。

(一) 销售收入增长率

销售收入增长率是指企业本年销售收入增长额同上年销售收入的比率。计算公式为：

$$销售收入增长率 = （本年销售收入增长额／上年销售收入）× 100\%$$

其中：

$$本年销售收入增长额 ＝ 本年销售收入 － 上年销售收入$$

销售收入增长率是衡量企业经营状况和市场占有能力，预测企业经营业务拓展趋势的重要指标。一般来说，销售收入增长率大于0，表明企业本年销售收入有所增长，此指标越高，表明企业销售收入的增长速度越快，企业市场前景越好。

（二）总资产增长率

总资产增长率是企业本年资产增长额同年初资产总额的比率，计算公式为：

$$总资产增长率 = （本年资产增长额／年初资产总额）× 100\%$$

其中：

$$本年资产增长额 ＝ 年末资产总额 － 年初资产总额$$

总资产增长率反映企业本期资产规模的增长情况。一般来说，此比率越高，表明企业一定时期内资产经营规模扩张的速度越快。

（三）营业利润增长率

营业利润增长率是企业本年营业利润增长额与上年营业利润总额的比率，反映企业营业利润的增减变动情况。计算公式为：

$$营业利润增长率 = （本年营业利润增长额／上年营业利润总额）× 100\%$$

其中：

$$本年营业利润增长额 ＝ 本年营业利润 － 上年营业利润$$

（四）资本保值增值率

资本保值增值率是扣除客观因素影响后的期末所有者权益（总额）与期初所有者权益（总额）之比。计算公式为：

$$资本保值增值率 ＝ ［期末所有者权益（总额）／期初所有者权益（总额）］× 100\%$$

在其他因素不变的情况下，如果企业本期净利润大于0，并且利润留存率大于0，则必然会使期末所有者权益大于期初所有者权益，所以该指标也是衡量企业盈利能力的重要指标。这一指标的高低，除了受企业经营成果的影响外，还受企业利润分配政策的影响。

（五）资本积累率

资本积累率又称所有者权益增长率，是本年所有者权益增长额与年初所有者权益的比率。计算公式为：

$$资本积累增长率 = （本年所有者权益增长额／年初所有者权益）× 100\%$$

其中：

$$本年所有者权益增长额 ＝ 年末所有者权益 － 年初所有者权益$$

资本积累率反映企业当年资本的积累能力。一般来说，此比率越高，表明企业的资本积累越多，应对风险、持续发展的能力越强。

四、营运能力分析

营运能力是以企业各项资产的周转速度来衡量企业资产利用的效率。周转速度越快，表明企业的各项资产进入生产、销售等经营环节的速度越快，那么其形成收入和利润的周期就越短，经营效率自然就越高。一般来说，包括应收账款周转率、存货周转率、流动资产周转率、固定资产周转率、总资产周转率等几个指标。

 小贴士

营运能力分析的关键词

营运能力分析的关键词为"周转"，包括周转次数和周转天数两种表示形式。通用公式为：

$$周转次数 = 周转额/平均资产$$
$$周转天数 = 360/周转率$$

（一）应收账款周转率

应收账款周转率是反映应收账款周转速度的比率，有应收账款周转次数和应收账款周转天数两种表示方法。

1. 应收账款周转次数

应收账款周转次数反映年度内应收账款平均变现的次数。计算公式为：

$$应收账款周转次数 = 销售收入净额/应收账款平均余额$$

其中：

$$销售收入净额 = 销售收入 - 销售退回、折让和折扣$$
$$应收账款平均余额 = (期初应收账款 + 期末应收账款)/2$$

一般来说，应收账款周转次数越高越好，周转次数高，表明收账迅速，账龄较短；资产流动性强，短期偿债能力强；可以减少坏账损失等。需要注意的是，有些企业由于过度提高应收账款周转次数而没有充分利用赊销来扩大销售规模，提高盈利水平。

2. 应收账款周转天数

应收账款周转天数反映年度内应收账款平均变现一次所需要的天数（即应收账款账龄）。假设一年按360天计算（下同），计算公式为：

$$应收账款周转天数 = 360/应收账款周转次数$$

或

$$应收账款周转天数 = (应收账款平均余额 \times 360)/销售收入净额$$

一般来说，应收账款周转天数越少，应收账款周转次数越多，说明应收账款的变现能力越强，企业应收账款的管理水平越高；反之，应收账款周转天数越多，应收账款周转次数越少，说明应收账款的变现能力越弱，企业应收账款的管理水平越低。

3. 计算时应注意的问题

计算应收账款周转次数时，因赊销数据难以取得，一般使用利润表中的营业收入作为销售收入数据，这里的应收账款包括财务报表中的应收账款和应收票据等全部赊销款在内，而平均余额应为未扣除坏账准备的余额，因为计提坏账准备越多，应收账款周转率越高，对应收账款管理欠佳的单位而言，反而会得出偏离实际的错误结论。

4. 分析时应注意的问题

在一定时期内应收账款周转次数多（周转天数少）表明：

（1）企业收账迅速，信用销售管理严格。

（2）应收账款流动性强，从而增强企业的短期偿债能力。

（3）可以减少收账费用和坏账损失，相对增加企业流动资产的投资收益。

（4）通过比较应收账款周转天数及企业信用期限，可评价客户的信用程度，调整企业信用政策。

（二）存货周转率

存货周转率是反映存货周转速度的比率，有存货周转次数和存货周转天数两种表示方法。

1. 存货周转次数

存货周转次数反映年度内存货平均周转的次数。计算公式为：

$$存货周转次数 = 销货成本 / 存货平均余额$$

其中：

$$存货平均余额 = （期初存货 + 期末存货）/2$$

一般来说，存货周转次数越多，说明存货周转越快，企业实现的利润会相应增加，企业的存货管理水平越高；存货周转次数越少，说明企业占用在存货上的资金越多，存货管理水平越低。在利用该指标分析时，需要考虑企业生产对存货的实际需要量，防止企业为了粉饰存货管理工作而故意减少存货。

 小贴士

营业收入还是营业成本

计算存货周转率时，使用营业收入还是营业成本作为周转额，要看分析的目的。在短期偿债能力分析中，应采用营业收入。在分解总资产周转率时，应使用营业收入计算周转率。如果是为了评估存货管理的业绩，应当使用营业成本计算存货周转率。实际上，用哪一个计算方法都能达到分析的目的。

2. 存货周转天数

存货周转天数反映年度内存货平均周转一次所需要的天数。计算公式为：

$$存货周转天数 = 360 / 存货周转次数$$

或

$$存货周转天数 = （存货平均余额 \times 360）/ 销售成本$$

一般来说，存货周转天数越少，存货周转次数越多，说明存货周转越快，企业实现的利润会相应增加，企业的存货管理水平越高；存货周转天数越多，存货周转次数越少，说明企业占用在存货上的资金越多，存货管理水平越低。

3. 分析时应注意的问题

（1）存货周转率的高低与企业的经营特点有密切联系，应注意行业的可比性。

（2）该比率反映的是存货整体的周转情况，不能说明企业经营各环节的存货周转情况和管理水平。

（3）应结合应收账款周转情况和信用政策进行分析。

（三）流动资产周转率

流动资产周转率是反映流动资产周转速度的比率，有流动资产周转次数和流动资产周转天数两种表示方法。

1. 流动资产周转次数

流动资产周转次数是销售收入与流动资产平均余额的比率。计算公式为：

$$流动资产周转次数 = 销售收入净额／流动资产平均余额$$

其中：

$$流动资产平均余额 = （期初流动资产＋期末流动资产)/2$$

2. 流动资产周转天数

流动资产周转天数反映年度内流动资产平均周转一次所需要的天数。计算公式为：

$$流动资产周转天数 = 360／流动资产周转次数$$
$$= （流动资产平均余额×360)／销售收入净额$$

在一定时期内，流动资产周转次数越多，表明以相同的流动资产完成的周转额越多，流动资产利用效果越好。流动资产周转天数越少，表明流动资产在经历生产、销售各阶段所占用的时间越短，可相对节约流动资产，增强企业盈利能力。

（四）固定资产周转率

固定资产周转率是反映固定资产周转速度的比率，有固定资产周转次数和固定资产周转天数两种表示方法。

1. 固定资产周转次数

固定资产周转次数，是企业销售收入与固定资产平均额的比率。计算公式为：

$$固定资产周转次数 = 销售收入／固定资产平均额$$

其中：

$$固定资产平均额 = （期初固定资产＋期末固定资产)/2$$

2. 固定资产周转天数

固定资产周转天数反映年度内固定资产平均周转一次所需要的天数。计算公式为：

$$固定资产周转天数 = 360／固定资产周转次数$$
$$= （固定资产平均余额×360)／销售收入净额$$

固定资产周转率高，说明企业固定资产投资得当，结构合理，利用效率高；反之，则表明固定资产利用效率不高，提供的生产成果不多，企业的营运能力不强。运用固定资产周转率时，需要考虑固定资产因计提折旧的影响，其净值在不断地减少以及因更新重置，其净值突然增加的影响。同时，由于折旧方法的不同，可能影响其可比性。故在分析时，一定要剔除掉这些不可比因素。

（五）总资产周转率

总资产周转率是销售收入净额与企业平均资产总额的比率。计算公式为：

$$总资产周转率 = （销售收入净额 / 平均资产总额）× 100\%$$

其中：

$$平均资产总额 = （期初总资产 + 期末总资产）/2$$

总资产周转率衡量企业资产整体的使用效率，总资产由各项资产组成，在销售收入既定的情况下，总资产周转率的驱动因素是各项资产，因此，对总资产周转情况的分析应结合各项资产的周转情况，以发现影响企业资产周转的主要因素。总资产周转率越高，说明资产周转效率越高，周转天数越短，资产管理效率越高。

五、现金流量分析

（一）获取现金能力分析

1. 销售现金比率

销售现金比率是指企业经营活动现金流量净额与企业销售收入（销售额）的比值。计算公式为：

$$销售现金比率 = 经营活动现金流量净额/销售收入$$

一般来说，该指标反映每 1 元销售收入得到的现金流量净额，其数值越大越好。

2. 每股营业现金净流量

每股营业现金净流量是指企业经营活动现金流量净额与普通股股数的比率。计算公式为：

$$每股营业现金净流量 = 经营活动现金流量净额/普通股股数$$

一般来说，该指标反映企业最大的分派股利能力，超过此限度，可能就要借款分红。

3. 全部资产现金回收率

全部资产现金回收率是指企业经营活动现金流量净额与企业平均总资产的比率，说明企业全部资产产生现金的能力。计算公式为：

$$全部资产现金回收率 = （经营活动现金流量净额 / 平均总资产）× 100\%$$

一般来说，该指标数值越大越好，说明企业资产产生现金的能力越强。

（二）收益质量分析

收益质量是指会计收益与公司业绩之间的相关性，如果会计收益能如实反映公司业绩，则其收益质量高。

1. 净收益营运指数

$$净收益营运指数 = 经营净收益/净利润$$

其中：

$$经营净收益 = 净利润 - 非经营净收益$$

$$= 净利润 - 非经营收益 + 非经营损失$$

一般来说，净收益营运指数越小，非经营收益所占比重越大，收益质量越差，因为非经营收益不反映公司的核心能力及正常的收益能力，可持续性较低。

2. 现金营运指数

$$现金营运指数 = 经营活动现金流量净额 / 经营所得现金$$

其中：

$$经营所得现金 = 经营净收益 + 非付现费用$$

一般来说，现金营运指数小于 1，说明一部分收益尚未取得现金，停留在实物或债权形态，而实物或债权资产的风险大于现金，应收账款不一定能足额变现，存货也有贬值的风险，所以未收现的收益质量低于已收现的收益质量。

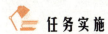 **任务实施**

扫码查看学习任务参考。

二维码 2
学习任务参考

任务三　上市公司财务分析

课堂笔记

 背景材料

上市公司东方公司的基本资料为：2019 年度归属于普通股股东的净利润为 25 000 万元。2018 年年末的股数为 10 000 万股，2019 年 5 月 1 日新发行 6 000 万股，2019 年 12 月 1 日，回购 1 000 万股。

（1）计算公司 2019 年基本每股收益。

（2）2019 年 3 月 1 日，经公司 2018 年度股东大会决议，以截至 2018 年年末公司总股本为基础，向全体股东每 10 股送红股 1 股，其他基本资料不变。计算该公司 2019 年基本每股收益。

（3）不考虑其他因素，假设东方公司 2019 年度发放普通股股利 3 600 万元，年末发行在外的普通股股数为 15 000 万股。计算该公司 2019 年每股股利。

（4）根据（1）和（3）的结果，计算东方公司的股利发放率。

（5）不考虑其他因素，假设东方公司 2019 年年末净资产为 15 600 万元，年末发行在外的普通股股数为 15 000 万股。计算该公司的每股净资产。

（6）不考虑其他因素，如果东方公司 2019 年基本每股收益为 1.8 元，年末每股市价为 45 元。计算该公司的市盈率。

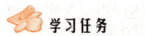

学习任务

利用背景材料，计算各类财务比率，填在表 8 – 7 中。

表 8 – 7　东方公司各类财务比率计算表

具体指标			本期数值
每股收益	基本每股收益	引起所有者权益总额变动的股数变动	
		不引起所有者权益总额变动的股数变动	
	稀释每股收益		——
每股股利			
股利发放率			
每股净资产			
市盈率			

任务目标

掌握上市公司财务分析时常用指标的计算与分析方法。

相关知识

一、每股收益

每股收益是综合反映企业盈利能力的重要指标，可以用来判断和评价管理层的经营业绩。每股收益这一财务指标在不同行业、不同规模的上市公司之间具有相当大的可比性，因而在各上市公司之间的业绩比较中被广泛地加以引用。每股收益又包括基本每股收益和稀释每股收益。

（一）基本每股收益

基本每股收益 = 归属于公司普通股股东的净利润 / 发行在外普通股加权平均数

（1）引起所有者权益总额变动的股数变动（如增发股票、回购股票等）需要计算加权平均数。加权平均数的计算公式为：

发行在外普通股加权平均数 = 期初发行在外普通股股数 + 当期新发行普通股股数 × 已发行时间/报告期时间 – 当期回购普通股股数 × 已回购时间/报告期时间

（2）不引起所有者权益总额变动的股数变动（如发放股票股利，由于送红股是将公司以前年度的未分配利润转为普通股，不管转化与否，都一直作为资本使用）不需要按照实际增加的月份加权计算，可以直接以发放股票股利前的股数乘以股利发放率计入分母。

（二）稀释每股收益

稀释每股收益是指企业存在稀释性潜在普通股的情况下，以基本每股收益的计算为基础，在分母中考虑稀释性潜在普通股的影响，同时对分子也作相应的调整。

此指标越高，表明投资价值越大；反之，此指标越低，表明投资价值越小，但是，每股收益多，并不意味着每股股利多，此外，每股收益不能反映股票的风险水平。

二、每股股利

每股股利反映的是普通股股东每持有上市公司1股普通股获取股利的大小，是投资者投资股票收益的重要来源之一。计算公式为：

$$每股股利 = 现金股利总额/期末发行在外的普通股股数$$

由于净利润是股利分配的来源，因此每股股利的多少在很大程度上取决于每股收益的多少。但上市公司每股股利发放多少，除了受上市公司盈利能力的大小影响以外，还取决于企业的股利发放政策和投资机会。

三、股利发放率

股利发放率是指每股股利分配额与当期每股收益的比率，是反映每股股利和每股收益之间关系的一个重要指标。借助于该指标，投资者可以了解一家上市公司的股利发放政策。计算公式为：

$$股利发放率 = 每股股利 / 每股收益$$

四、每股净资产

每股净资产又称每股账面价值，是指企业期末净资产与期末发行在外的普通股股数之间的比率。计算公式为：

$$每股净资产 = 期末净资产 / 期末发行在外的普通股股数$$

利用该指标进行横向和纵向对比，可以衡量上市公司股票的投资价值。如在企业性质相同、股票市价相近的条件下，某一企业股票的每股净资产越高，则企业的发展潜力与其股票的投资价值越大，投资者所承担的风险越小。但是，也不能一概而论，在市场投机气氛较浓的情况下，每股净资产指标往往不太受重视。

五、市盈率

市盈率是指股票每股市价与每股收益的比率，是投资者估计普通股价值最基本最重要的指标之一，反映了市场上投资者对股票投资收益和投资风险的预期。计算公式为：

$$市盈率 = 每股市价 / 每股收益$$

市盈率是股票市场上反映股票投资价值的重要指标，该比率的高低反映了市场上的投资者对股票投资收益和投资风险的预期。一方面，市盈率越高，意味着投资者对该股票的收益预期越看好，投资价值越大；反之，投资者对该股票评价越低。另一方面，市盈率越高，也说明获得一定的预期利润投资者需要支付更高的价格，因此，投资于该股票的风险也越大；市盈率越低，说明投资于该股票的风险越小。所以，尽管市盈率是分析股票质量的一个重要参考指标，但对市盈率的高低要作具体分析，才能正确引导投资活动，得到较好的投资效果。

一般认为市盈率在 20 倍左右为正常。

影响企业股票市盈率的因素有以下几个：

（1）上市公司盈利能力的成长性。

（2）投资者所获报酬率的稳定性。

（3）市盈率也受到利率水平变动的影响。当市场利率水平变化时，市盈率也应作相应的调整。

 **任务实施**

扫码查看学习任务参考。

二维码 3
学习任务参考

课堂笔记

任务四 杜邦分析法运用

 背景材料

东方公司有关财务数据如表 8-8 所示。分析该公司净资产收益率变化的原因。

表 8-8 东方公司有关财务数据　　　　　　　　　　　　　　元

年度	净利润	营业收入	平均资产总额	平均负债总额	全部成本	制造成本	销售费用	管理费用	财务费用
2018	10 284.04	411 224.01	306 222.94	205 677.07	403 967.43	373 534.53	10 203.05	18 667.77	1 562.08
2019	12 653.92	757 613.81	330 580.21	215 659.54	736 747.24	684 261.91	21 740.96	25 718.20	5 026.17

 学习任务

根据表 8-8 中的数据计算各类指标，填在表 8-9 中，分析该公司净资产收益率变化的原因。

表8-9　东方公司杜邦分析的相关指标

年度	2018	2019
净资产收益率		
权益乘数		
资产负债率		
总资产净利率		
营业净利率		
总资产周转率/次		

任务目标

了解杜邦分析法的含义，掌握杜邦分析法的应用。

相关知识

一、杜邦分析法的含义

杜邦分析法又称杜邦财务分析体系，简称杜邦体系，是利用各主要财务比率指标间的内在联系，对企业财务状况及经济效益进行综合系统分析评价的方法。该体系是以净资产收益率为起点，以总资产净利率和权益乘数为基础，重点揭示企业的盈利能力及权益乘数对净资产收益率的影响，以及各相关指标间的相互影响和作用关系。因其最初由美国杜邦企业成功应用，故得名。杜邦体系各主要指标之间的关系如下：

$$净资产收益率 = 总资产净利率 \times 权益乘数$$
$$= 销售净利率 \times 总资产周转率 \times 权益乘数$$

其中：

$$总资产净利率 = 销售净利率 \times 总资产周转率$$
$$销售净利率 = 净利润 / 销售收入$$
$$总资产周转率 = 销售收入 / 平均资产总额$$
$$权益乘数 = 资产总额 / 所有者权益总额$$
$$= 1/(1 - 资产负债率) = 1 + 产权比率$$

在具体运用杜邦体系进行分析时，可以采用因素分析法，首先确定销售净利率、总资产周转率和权益乘数的基准值，然后顺次代入这三个指标的实际值，分别计算分析这三个指标的变动对净资产收益率的影响方向和程度；还可以使用因素分析法进一步分解各个指标并分析其变动的深层次原因，找出解决的方法。

二、杜邦分析法的局限性

从企业绩效评价的角度来看，杜邦分析法只包括财务方面的信息，不能全面反映企业的实力，有很大的局限性，在实际运用中需要加以注意，必须结合企业的其他信息加以分析。其局限性主要表现在以下几个方面：

（1）对短期财务结果过分重视，有可能助长公司管理层的短期行为，忽略企业长期的价值创造。

（2）财务指标反映的是企业过去的经营业绩，衡量工业时代的企业能够满足要求。但在目前的信息时代，顾客、供应商、雇员、技术创新等因素对企业经营业绩的影响越来越大，而杜邦分析法在这些方面是无能为力的。

（3）在目前的市场环境中，企业的无形知识资产对提高企业的长期竞争力至关重要，杜邦分析法却不能解决无形资产的估值问题。

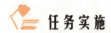 **任务实施**

扫码查看学习任务参考。

二维码 4
学习任务参考

 **素质培养**

案例分析

二维码 5
案例分析

瑞幸之不"幸"

瑞幸咖啡作为我国最大的连锁咖啡品牌，相信很多人都喝过瑞幸咖啡。然而，2020年4月2日晚间，迟迟未发布第四季度财务报表的瑞幸咖啡发布了一份举世震惊的"自查"报告，承认其在2019年二季度至四季度内存在伪造交易的行为，涉及销售额达22亿元人民币。2020年4月5日，瑞幸咖啡对此次涉嫌财务造假事件发布了道歉声明。

22亿对瑞幸咖啡是什么概念呢？瑞幸咖啡2019年前三季度的主营业务收入为29.29亿元，而22亿元的造假规模，已经逼近了其三个季度总营收规模。受此消息影响，瑞幸咖啡股价盘前一度暴跌超80%，并五次触发熔断机制、交易暂停。截至4月2日收盘，瑞幸咖啡下跌75.57%，收报6.4美元，市值一夜缩水近50亿美元（约合人民币354亿元）。

为何瑞幸咖啡要虚增高达22亿元的销售额，如此巨大的数据又是如何在报表上操纵的呢？著名的浑水公司（Muddy Waters Research）曾针对瑞幸咖啡股票发布了长达89页的做空报告，揭露了瑞幸咖啡在经营数据上存在作假和欺诈行为的问题。报告认为，瑞幸咖啡从2019年第三季度开始捏造财务和运营数据，夸大门店的每日订单量、每笔订单包含的商品数、每件商品的净售价，从而营造出单店盈利的假象，又通过夸大广告支出，虚报除咖啡外其他商品的占比来掩盖单店亏损的事实。

瑞幸咖啡的造假方式愚蠢又简单，然而还是得到了包括著名的投资银行摩根士丹利等投资者们的信赖。从成立仅10个多月就在美国上市，到上市不到一年就曝出财务造假事件，瑞幸咖啡由风光无限到跌入谷底的历程，让人有颇多感慨，也给人以启示。

请分析：本案例带给我们什么启示？

知识检测

一、单项选择题

1. 企业所有者作为投资人，关心其资本的保值和增值状况，因此较为重视企业的（　　）指标。

  A. 偿债能力　　　B. 营运能力　　　C. 盈利能力　　　D. 发展能力

2. 下列财务比率中，属于效率比率的是（　　）。

  A. 速动比率　　　　　　　　　　B. 成本利润率

  C. 资产负债率　　　　　　　　　D. 所有者权益增长率

3. 下列比率指标的不同类型中，流动比率属于（　　）。

  A. 构成比率　　　B. 动态比率　　　C. 相关比率　　　D. 效率比率

4. 下列各项中，不属于财务分析中因素分析法特征的是（　　）。

  A. 因素分解的关联性　　　　　　B. 顺序替代的连环性

  C. 分析结果的准确性　　　　　　D. 因素替代的顺序性

5. 在下列财务绩效评价指标中，属于评价企业盈利能力指标的是（　　）。

  A. 营业利润增长率　　　　　　　B. 总资产报酬率

  C. 总资产周转率　　　　　　　　D. 资本保值增值率

6. 假定其他条件不变，下列各项经济业务中，会导致公司总资产净利率上升的是（　　）。

  A. 收回应收账款　　　　　　　　B. 用资本公积金转增股本

  C. 用银行存款购入生产设备　　　D. 用银行存款归还银行借款

7. 在下列关于资产负债率、权益乘数和产权比率之间关系的表达式中，正确的是（　　）。

  A. 资产负债率 + 权益乘数 = 产权比率

  B. 资产负债率 − 权益乘数 = 产权比率

  C. 资产负债率 × 权益乘数 = 产权比率

  D. 资产负债率/权益乘数 = 产权比率

8. 某公司 2018 年年初所有者权益为 1.25 亿元，2018 年年末所有者权益为 1.50 亿元。该公司 2018 年的所有者权益增长率是（　　）。

  A. 16.67%　　　B. 20.00%　　　C. 25.00%　　　D. 120.00%

9. 乙公司 2018 年的营业收入为 14 500 万元，财务费用为 500 万元，资产减值损失为 10 万元，所得税费用为 32.50 万元，净利润为 97.50 万元，乙公司 2018 年资本化利息支出 100 万元，已经计入在建工程，则利息保障倍数为（　　）。

  A. 1.26　　　B. 1.17　　　C. 1.05　　　D. 0.93

10. 产权比率越高，通常反映的信息是（　　）。

  A. 财务结构越稳健　　　　　　　B. 长期偿债能力越强

  C. 财务杠杆效应越强　　　　　　D. 股东权益的保障程度越高

11. 下列各项业务中，能够降低企业偿债能力的是（　　　）。

　A. 企业采用经营租赁方式租入一台大型机械设备

　B. 企业从某国有银行取得 3 年期 500 万元的贷款

　C. 企业向战略投资者定向增发股票

　D. 企业向股东发放股票股利

12. 在上市公司杜邦财务分析体系中，最具有综合性的财务指标是（　　　）。

　A. 营业净利率　　　　　　　　　　B. 净资产收益率

　C. 总资产净利率　　　　　　　　　D. 总资产周转率

13. 某企业 2017 年和 2018 年的营业净利率分别为 7% 和 8%，总资产周转率分别为 2 和 1.5，两年的资产负债率相同，与 2017 年相比，2018 年的净资产收益率变动趋势为（　　　）。

　A. 上升　　　　　　B. 下降　　　　　　C. 不变　　　　　　D. 无法确定

二、多项选择题

1. 下列各项中，属于速动资产的有（　　　）。

　A. 货币资金　　　B. 预收账款　　　C. 应收账款　　　D. 存货

2. 公司当年的经营利润很多，却不能偿还到期债务。为查清其原因，应检查的财务比率包括（　　　）。

　A. 营业净利率　　　　　　　　　　B. 流动比率

　C. 存货周转率　　　　　　　　　　D. 应收账款周转率

3. 在不考虑其他影响因素的情况下，（　　　）反映企业偿还债务的能力较弱。

　A. 资产负债率较高　　　　　　　　B. 产权比率较高

　C. 营业净利率较低　　　　　　　　D. 已获利息倍数较高

4. 乙企业目前的流动比率为 1.5，若赊购一批材料，将会导致乙企业（　　　）。

　A. 速动比率降低　　　　　　　　　B. 流动比率降低

　C. 营运资金增加　　　　　　　　　D. 存货周转次数增加

5. 下列各项中，影响应收账款周转率指标的有（　　　）。

　A. 应收账款　　　　　　　　　　　B. 预付账款

　C. 应收票据　　　　　　　　　　　D. 销售折扣与折让

6. 在一定时期内，应收账款周转次数多（周转天数少）表明（　　　）。

　A. 收账速度快　　　　　　　　　　B. 信用管理政策宽松

　C. 应收账款流动性强　　　　　　　D. 应收账款管理效率高

7. 下列财务指标中，可以反映长期偿债能力的有（　　　）。

　A. 总资产周转率　　B. 权益乘数　　C. 产权比率　　　D. 资产负债率

8. 下列各项因素中，影响企业偿债能力的有（　　　）。

　A. 经营租赁　　　B. 或有事项　　　C. 资产质量　　　D. 授信额度

9. 一般而言，存货周转次数增加，其所反映的信息有（　　　）。

　A. 盈利能力下降　　　　　　　　　B. 存货周转天数延长

　C. 存货流动性增强　　　　　　　　D. 资产管理效率提高

技能检测

1. 某公司 2019 年 12 月 31 日的资产负债表显示，资产总额年初数和年末数分别为 4 800 万元和 5 000 万元，负债总额年初数和年末数分别为 2 400 万元和 2 500 万元，该公司 2019 年度营业收入为 7 350 万元，净利润为 294 万元。

要求：

（1）根据年初、年末平均值，计算权益乘数。

（2）计算总资产周转率。

（3）计算营业净利率。

（4）计算总资产净利率和权益净利率。

2. 某公司是一家上市公司，2019 年度营业收入为 20 000 万元，营业成本为 15 000 万元，财务费用为 600 万元（全部为利息支出），利润总额为 2 000 万元，净利润为 1 500 万元，非经营净收益为 300 万元。此外，资本化的利息支出为 400 万元。该公司存货年初余额为 1 000 万元，年末余额为 2 000 万元，公司全年发行在外的普通股加权平均数为 10 000 万股，年末每股市价为 4.5 元。

要求：

（1）计算营业净利率。

（2）计算利息保障倍数。

（3）计算净收益营运指数。

（4）计算存货周转率。

（5）计算市盈率。

3. 丁公司是一家处于初创阶段的电子产品生产企业，相关资料如下：

资料一：2019 年开始生产和销售 P 产品，售价为 0.9 万元/件，全年生产 20 000 件，产销平衡。丁公司适用的所得税税率为 25%。

资料二：2019 年财务报表部分数据如表 8 - 10 和表 8 - 11 所示。

表 8 - 10　资产负债表部分数据　　　　　　　　　万元

流动资产合计	27 500	负债合计	35 000
非流动资产合计	32 500	所有者权益合计	25 000
资产总计	60 000	负债与所有者权益总计	60 000

表 8 - 11　利润表部分数据（年度数）　　　　　　万元

营业收入	18 000	利润总额	3 000
营业成本	11 000	所得税	750
期间费用	4 000	净利润	2 250

资料三：所在行业的相关财务指标平均水平：总资产净利率为 4%，总资产周转次数为 0.5 次，营业净利率为 8%，权益乘数为 2。

要求：

（1）根据资料二，计算下列指标（计算中需要使用期初与期末平均数的，以期末数替代）：

① 总资产净利率；

② 权益乘数；

③ 营业净利率；

④ 总资产周转率。

二维码6
知识检测、技能
检测答案

（2）根据要求（1）的计算结果和资料三，完成下列要求：

① 依据所在行业平均水平对丁公司的偿债能力和营运能力进行评价；

② 说明丁公司总资产净利率与行业平均水平差异形成的原因。

总结评价

学生根据任务实施、素质培养的完成情况，对自己进行评价，并填写总结评价表如表8－12所示，对错误进行总结。

表8－12　总结评价表

项目		等级评定	错题编号	对应知识点
任务实施	一			
	二			
	三			
	四			
案例分析				
知识检测				
技能检测				

注：等级评定为优秀、良好、一般、不及格。

附　　录

附表一　复利现值系数表　计算公式：$P = (1 + i)^{-n}$

期数	1%	2%	3%	4%	5%	6%	7%	8%	9%	10%
1	0.990 1	0.980 4	0.970 9	0.961 5	0.952 4	0.943 4	0.934 6	0.925 9	0.917 4	0.909 1
2	0.980 3	0.961 2	0.942 6	0.924 6	0.907 0	0.890 0	0.873 4	0.857 3	0.841 7	0.826 4
3	0.970 6	0.942 3	0.915 1	0.889 0	0.863 8	0.839 6	0.816 3	0.793 8	0.772 2	0.751 3
4	0.961 0	0.923 8	0.888 5	0.854 8	0.822 7	0.792 1	0.762 9	0.735 0	0.708 4	0.683 0
5	0.951 5	0.905 7	0.862 6	0.821 9	0.783 5	0.747 3	0.713 0	0.680 6	0.649 9	0.620 9
6	0.942 0	0.888 0	0.837 5	0.790 3	0.746 2	0.705 0	0.666 3	0.630 2	0.596 3	0.564 5
7	0.932 7	0.870 6	0.813 1	0.759 9	0.710 7	0.665 1	0.622 7	0.583 5	0.547 0	0.513 2
8	0.923 5	0.853 5	0.789 4	0.730 7	0.676 8	0.627 4	0.582 0	0.540 3	0.501 9	0.466 5
9	0.914 3	0.836 8	0.766 4	0.702 6	0.644 6	0.591 9	0.543 9	0.500 2	0.460 4	0.424 1
10	0.905 3	0.820 3	0.744 1	0.675 6	0.613 9	0.558 4	0.508 3	0.463 2	0.422 4	0.385 5
11	0.896 3	0.804 3	0.722 4	0.649 6	0.584 7	0.526 8	0.475 1	0.428 9	0.387 5	0.350 5
12	0.887 4	0.788 5	0.701 4	0.624 6	0.556 8	0.497 0	0.444 0	0.397 1	0.355 5	0.318 6
13	0.878 7	0.773 0	0.681 0	0.600 6	0.530 3	0.468 8	0.415 0	0.367 7	0.326 2	0.289 7
14	0.870 0	0.757 9	0.661 1	0.577 5	0.505 1	0.442 3	0.387 8	0.340 5	0.299 2	0.263 3
15	0.861 3	0.743 0	0.641 9	0.555 3	0.481 0	0.417 3	0.362 4	0.315 2	0.274 5	0.239 4
16	0.852 8	0.728 4	0.623 2	0.533 9	0.458 1	0.393 6	0.338 7	0.291 9	0.251 9	0.217 6
17	0.844 4	0.714 2	0.605 0	0.513 4	0.436 3	0.371 4	0.316 6	0.270 3	0.231 1	0.197 8
18	0.836 0	0.700 2	0.587 4	0.493 6	0.415 5	0.350 3	0.295 9	0.250 2	0.212 0	0.179 9
19	0.827 7	0.686 4	0.570 3	0.474 6	0.395 7	0.330 5	0.276 5	0.231 7	0.194 5	0.163 5
20	0.819 5	0.673 0	0.553 7	0.456 4	0.376 9	0.311 8	0.258 4	0.214 5	0.178 4	0.148 6
21	0.811 4	0.659 8	0.537 5	0.438 8	0.358 9	0.294 2	0.241 5	0.198 7	0.163 7	0.135 1
22	0.803 4	0.646 8	0.521 9	0.422 0	0.341 8	0.277 5	0.225 7	0.183 9	0.150 2	0.122 8
23	0.795 4	0.634 2	0.506 7	0.405 7	0.325 6	0.261 8	0.210 9	0.170 3	0.137 8	0.111 7
24	0.787 6	0.621 7	0.491 9	0.390 1	0.310 1	0.247 0	0.197 1	0.157 7	0.126 4	0.101 5
25	0.779 8	0.609 5	0.477 6	0.375 1	0.295 3	0.233 0	0.184 2	0.146 0	0.116 0	0.092 3
26	0.772 0	0.597 6	0.463 7	0.360 7	0.281 2	0.219 8	0.172 2	0.135 2	0.106 4	0.083 9
27	0.764 4	0.585 9	0.450 2	0.346 8	0.267 8	0.207 4	0.160 9	0.125 2	0.097 6	0.076 3
28	0.756 8	0.574 4	0.437 1	0.333 5	0.255 1	0.195 6	0.150 4	0.115 9	0.089 5	0.069 3
29	0.749 3	0.563 1	0.424 3	0.320 7	0.242 9	0.184 6	0.140 6	0.107 3	0.082 2	0.063 0
30	0.741 9	0.552 1	0.412 0	0.308 3	0.231 4	0.174 1	0.131 4	0.099 4	0.075 4	0.057 3

续表

期数	11%	12%	13%	14%	15%	16%	17%	18%	19%	20%
1	0.900 9	0.892 9	0.885 0	0.877 2	0.869 6	0.862 1	0.854 7	0.847 5	0.840 3	0.833 3
2	0.811 6	0.797 2	0.783 1	0.769 5	0.756 1	0.743 2	0.730 5	0.718 2	0.706 2	0.694 4
3	0.731 2	0.711 8	0.693 1	0.675 0	0.657 5	0.640 7	0.624 4	0.608 6	0.593 4	0.578 7
4	0.658 7	0.635 5	0.613 3	0.592 1	0.571 8	0.552 3	0.533 7	0.515 8	0.498 7	0.482 3
5	0.593 5	0.567 4	0.542 8	0.519 4	0.497 2	0.476 1	0.456 1	0.437 1	0.419 0	0.401 9
6	0.534 6	0.506 6	0.480 3	0.455 6	0.432 3	0.410 4	0.389 8	0.370 4	0.352 1	0.334 9
7	0.481 7	0.452 3	0.425 1	0.399 6	0.375 9	0.353 8	0.333 2	0.313 9	0.295 9	0.279 1
8	0.433 9	0.403 9	0.376 2	0.350 6	0.326 9	0.305 0	0.284 8	0.266 0	0.248 7	0.232 6
9	0.390 9	0.360 6	0.332 9	0.307 5	0.284 3	0.263 0	0.243 4	0.225 5	0.209 0	0.193 8
10	0.352 2	0.322 0	0.294 6	0.269 7	0.247 2	0.226 7	0.208 0	0.191 1	0.175 6	0.161 5
11	0.317 3	0.287 5	0.260 7	0.236 6	0.214 9	0.195 4	0.177 8	0.161 9	0.147 6	0.134 6
12	0.285 8	0.256 7	0.230 7	0.207 6	0.186 9	0.168 5	0.152 0	0.137 2	0.124 0	0.112 2
13	0.257 5	0.229 2	0.204 2	0.182 1	0.162 5	0.145 2	0.129 9	0.116 3	0.104 2	0.093 5
14	0.232 0	0.204 6	0.180 7	0.159 7	0.141 3	0.125 2	0.111 0	0.098 5	0.087 6	0.077 9
15	0.209 0	0.182 7	0.159 9	0.140 1	0.122 9	0.107 9	0.094 9	0.083 5	0.073 6	0.064 9
16	0.188 3	0.163 1	0.141 5	0.122 9	0.106 9	0.093 0	0.081 1	0.070 8	0.061 8	0.054 1
17	0.169 6	0.145 6	0.125 2	0.107 8	0.092 9	0.080 2	0.069 3	0.060 0	0.052 0	0.045 1
18	0.152 8	0.130 0	0.110 8	0.094 6	0.080 8	0.069 1	0.059 2	0.050 8	0.043 7	0.037 6
19	0.137 7	0.116 1	0.098 1	0.082 9	0.070 3	0.059 6	0.050 6	0.043 1	0.036 7	0.031 3
20	0.124 0	0.103 7	0.086 8	0.072 8	0.061 1	0.051 4	0.043 3	0.036 5	0.030 8	0.026 1
21	0.111 7	0.092 6	0.076 8	0.063 8	0.053 1	0.044 3	0.037 0	0.030 9	0.025 9	0.021 7
22	0.100 7	0.082 6	0.068 0	0.056 0	0.046 2	0.038 2	0.031 6	0.026 2	0.021 8	0.018 1
23	0.090 7	0.073 8	0.060 1	0.049 1	0.040 2	0.032 9	0.027 0	0.022 2	0.018 3	0.015 1
24	0.081 7	0.065 9	0.053 2	0.043 1	0.034 9	0.028 4	0.023 1	0.018 8	0.015 4	0.012 6
25	0.073 6	0.058 8	0.047 1	0.037 8	0.030 4	0.024 5	0.019 7	0.016 0	0.012 9	0.010 5
26	0.066 3	0.052 5	0.041 7	0.033 1	0.026 4	0.021 1	0.016 9	0.013 5	0.010 9	0.008 7
27	0.059 7	0.046 9	0.036 9	0.029 1	0.023 0	0.018 2	0.014 4	0.011 5	0.009 1	0.007 3
28	0.053 8	0.041 9	0.032 6	0.025 5	0.020 0	0.015 7	0.012 3	0.009 7	0.007 7	0.006 1
29	0.048 5	0.037 4	0.028 9	0.022 4	0.017 4	0.013 5	0.010 5	0.008 2	0.006 4	0.005 1
30	0.043 7	0.033 4	0.025 6	0.019 6	0.015 1	0.011 6	0.009 0	0.007 0	0.005 4	0.004 2

附表二 复利终值系数表 计算公式：$F = (1 + i)^n$

期数	1%	2%	3%	4%	5%	6%	7%	8%	9%	10%
1	1.010 0	1.020 0	1.030 0	1.040 0	1.050 0	1.060 0	1.070 0	1.080 0	1.090 0	1.100 0
2	1.020 1	1.040 4	1.060 9	1.081 6	1.102 5	1.123 6	1.144 9	1.166 4	1.188 1	1.210 0
3	1.030 3	1.061 2	1.092 7	1.124 9	1.157 6	1.191 0	1.225 0	1.259 7	1.295 0	1.331 0
4	1.040 6	1.082 4	1.125 5	1.169 9	1.215 5	1.262 5	1.310 8	1.360 5	1.411 6	1.464 1
5	1.051 0	1.104 1	1.159 3	1.216 7	1.276 3	1.338 2	1.402 6	1.469 3	1.538 6	1.610 5
6	1.061 5	1.126 2	1.194 1	1.265 3	1.340 1	1.418 5	1.500 7	1.586 9	1.677 1	1.771 6
7	1.072 1	1.148 7	1.229 9	1.315 9	1.407 1	1.503 6	1.605 8	1.713 8	1.828 0	1.948 7
8	1.082 9	1.171 7	1.266 8	1.368 6	1.477 5	1.593 8	1.718 2	1.850 9	1.992 6	2.143 6
9	1.093 7	1.195 1	1.304 8	1.423 3	1.551 3	1.689 5	1.838 5	1.999 0	2.171 9	2.357 9
10	1.104 6	1.219 0	1.343 9	1.480 2	1.628 9	1.790 8	1.967 2	2.158 9	2.367 4	2.593 7
11	1.115 7	1.243 4	1.384 2	1.539 5	1.710 3	1.898 3	2.104 9	2.331 6	2.580 4	2.853 1
12	1.126 8	1.268 2	1.425 8	1.601 0	1.795 9	2.012 2	2.252 2	2.518 2	2.812 7	3.138 4
13	1.138 1	1.293 6	1.468 5	1.665 1	1.885 6	2.132 9	2.409 8	2.719 6	3.065 8	3.452 3
14	1.149 5	1.319 5	1.512 6	1.731 7	1.979 9	2.260 9	2.578 5	2.937 2	3.341 7	3.797 5
15	1.161 0	1.345 9	1.558 0	1.800 9	2.008 9	2.396 6	2.759 0	3.172 2	3.642 5	4.177 2
16	1.172 6	1.372 8	1.604 7	1.873 0	2.182 9	2.540 4	2.952 2	3.425 9	3.970 3	4.595 0
17	1.184 3	1.400 2	1.652 8	1.947 9	2.292 0	2.692 8	3.158 8	3.700 0	4.327 6	5.054 5
18	1.196 1	1.428 2	1.702 4	2.025 8	2.406 6	2.854 3	3.379 9	3.996 0	4.717 1	5.559 9
19	1.208 1	1.456 8	1.753 5	2.106 8	2.527 0	3.025 6	3.616 5	4.315 7	5.141 7	6.115 9
20	1.220 2	1.485 9	1.806 1	2.191 1	2.653 3	3.207 1	3.869 7	4.661 0	5.604 4	6.727 5
21	1.232 4	1.515 7	1.860 3	2.278 8	2.786 0	3.399 6	4.140 6	5.033 8	6.108 8	7.400 2
22	1.244 7	1.546 0	1.916 1	2.369 9	2.925 3	3.603 5	4.430 4	5.436 5	6.658 6	8.140 3
23	1.257 2	1.576 9	1.973 6	2.464 7	3.071 5	3.819 7	4.740 5	5.871 5	7.257 9	8.954 3
24	1.269 7	1.608 4	2.032 8	2.563 3	3.225 1	4.048 9	5.072 4	6.341 2	7.911 1	9.849 7
25	1.282 4	1.640 6	2.093 8	2.665 8	3.386 4	4.291 9	5.427 4	6.848 5	8.623 1	10.834 7
26	1.295 3	1.673 4	2.156 6	2.772 5	3.555 7	4.549 4	5.807 4	7.396 4	9.399 2	11.918 2
27	1.308 2	1.706 9	2.221 3	2.883 4	3.733 5	4.822 3	6.213 9	7.988 1	10.245 1	13.110 0
28	1.321 3	1.741 0	2.287 9	2.998 7	3.920 1	5.111 7	6.648 8	8.627 1	11.167 1	14.421 0
29	1.334 5	1.775 8	2.356 6	3.118 7	4.116 1	5.418 4	7.114 3	9.317 3	12.172 2	15.863 1
30	1.347 8	1.811 4	2.427 3	3.243 4	4.321 9	5.743 5	7.612 3	10.062 7	13.267 7	17.449 4

续表

期数	11%	12%	13%	14%	15%	16%	17%	18%	19%	20%
1	1.110 0	1.120 0	1.130 0	1.140 0	1.150 0	1.160 0	1.170 0	1.180 0	1.190 0	1.200 0
2	1.232 1	1.254 4	1.276 9	1.299 6	1.322 5	1.345 6	1.368 9	1.392 4	1.416 1	1.440 0
3	1.367 6	1.404 9	1.442 9	1.481 5	1.520 9	1.560 9	1.601 6	1.643 0	1.685 2	1.728 0
4	1.518 1	1.573 5	1.630 5	1.689 0	1.749 0	1.810 6	1.873 9	1.938 8	2.005 3	2.073 6
5	1.685 1	1.762 3	1.842 4	1.925 4	2.011 4	2.100 3	2.192 4	2.287 8	2.386 4	2.488 3
6	1.870 4	1.973 8	2.082 0	2.195 0	2.313 1	2.436 4	2.565 2	2.699 6	2.839 8	2.986 0
7	2.076 2	2.210 7	2.352 6	2.502 3	2.660 0	2.826 2	3.001 2	3.185 5	3.379 3	3.583 2
8	2.304 5	2.476 0	2.658 4	2.852 6	3.059 0	3.278 4	3.511 5	3.758 9	4.021 4	4.299 8
9	2.558 0	2.773 1	3.004 0	3.251 9	3.517 9	3.803 0	4.108 4	4.435 5	4.785 4	5.159 8
10	2.839 4	3.105 8	3.394 6	3.707 2	4.045 6	4.411 4	4.806 8	5.233 8	5.694 7	6.191 7
11	3.151 8	3.478 6	3.835 9	4.226 2	4.652 4	5.117 3	5.624 0	6.175 9	6.776 7	7.430 1
12	3.498 5	3.896 0	4.334 5	4.817 9	5.350 3	5.936 0	6.580 1	7.287 6	8.064 2	8.916 1
13	3.883 3	4.363 5	4.898 0	5.492 4	6.152 8	6.885 8	7.698 7	8.599 4	9.596 4	10.699 3
14	4.310 4	4.887 1	5.534 8	6.261 3	7.075 7	7.987 5	9.007 5	10.147 2	11.419 8	12.839 2
15	4.784 6	5.473 6	6.254 3	7.137 9	8.137 1	9.265 5	10.538 7	11.973 7	13.589 5	15.407 0
16	5.310 9	6.130 4	7.067 3	8.137 2	9.357 6	10.748 0	12.330 3	14.129 0	16.171 5	18.488 4
17	5.895 1	6.866 0	7.986 1	9.276 5	10.761 3	12.467 7	14.426 5	16.672 2	19.244 1	22.186 1
18	6.543 6	7.690 0	9.024 3	10.575 2	12.375 5	14.462 5	16.879 0	19.673 3	22.900 5	26.623 3
19	7.263 3	8.612 8	10.197 4	12.055 7	14.231 8	16.776 5	19.748 4	23.214 4	27.251 6	31.948 0
20	8.062 3	9.646 3	11.523 1	13.743 5	16.366 5	19.460 8	23.105 6	27.393 0	32.429 4	38.337 6
21	8.949 2	10.803 8	13.021 1	15.667 6	18.821 5	22.574 5	27.033 6	32.323 8	38.591 0	46.005 1
22	9.933 6	12.100 3	14.713 8	17.861 0	21.644 7	26.186 4	31.629 3	38.142 1	45.923 3	55.206 1
23	11.026 3	13.552 3	16.626 6	20.361 6	24.891 5	30.376 2	37.006 2	45.007 6	54.648 7	66.247 4
24	12.239 2	15.178 6	18.788 1	23.212 2	28.625 2	35.236 4	43.297 3	53.109 0	65.032 0	79.496 8
25	13.585 5	17.000 1	21.230 5	26.461 9	32.919 0	40.874 2	50.657 8	62.668 6	77.388 1	95.396 2
26	15.079 9	19.040 1	23.990 5	30.166 6	37.856 8	47.414 1	59.269 7	73.949 0	92.091 8	114.475 5
27	16.738 7	21.324 9	27.109 3	34.389 9	43.535 3	55.000 4	69.345 5	87.259 8	109.589 3	137.370 6
28	18.579 9	23.883 9	30.633 5	39.204 5	50.065 6	63.800 4	81.134 2	102.966 6	130.411 2	164.844 7
29	20.623 7	26.749 9	34.615 8	44.693 1	57.575 5	74.008 5	94.927 1	121.500 5	155.189 3	197.813 61
30	22.892 3	29.959 9	39.115 9	50.950 2	66.211 8	85.849 9	111.064 7	143.370 6	184.675 3	237.376 3

附表三　年金现值系数表　计算公式：$P = (P/A, i, n)$

期数	1%	2%	3%	4%	5%	6%	7%	8%	9%	10 %	11 %
1	0.990 1	0.980 4	0.970 9	0.961 5	0.952 4	0.943 4	0.934 6	0.925 9	0.917 4	0.909 1	0.900 9
2	1.970 4	1.941 6	1.913 5	1.886 1	1.859 4	1.833 4	1.808 0	1.783 3	1.759 1	1.735 5	1.712 5
3	2.941 0	2.883 9	2.828 6	2.775 1	2.723 2	2.673 0	2.624 3	2.577 1	2.531 3	2.486 9	2.443 7
4	3.902 0	3.807 7	3.717 1	3.629 9	3.546 0	3.465 1	3.387 2	3.312 1	3.239 7	3.169 9	3.102 4
5	4.853 4	4.713 5	4.579 7	4.451 8	4.329 5	4.212 4	4.100 2	1.992 7	1.889 7	3.790 8	1.695 9
6	5.795 5	5.601 4	5.417 2	5.242 1	5.075 7	4.917 3	4.766 5	4.622 9	4.485 9	4.355 3	4.230 5
7	6.728 2	6.472 0	6.230 3	6.002 1	5.786 4	5.582 4	5.389 3	5.206 4	5.033 0	4.868 4	4.712 2
8	7.651 7	7.325 5	7.019 7	6.732 7	6.463 2	6.209 8	5.971 3	5.746 6	5.534 8	5.334 9	5.146 1
9	8.566 0	8.162 2	7.786 1	7.435 3	7.107 8	6.801 7	6.515 2	6.246 9	5.995 2	5.759 0	5.537 0
10	9.471 3	8.982 6	8.530 2	8.110 9	7.721 7	7.360 1	7.023 6	6.710 1	6.417 7	6.144 6	5.889 2
11	10.367 6	9.786 8	9.252 6	8.760 5	8.306 4	7.886 9	7.498 7	7.139 0	6.805 2	6.495 1	6.206 5
12	11.255 1	10.575 3	9.954 0	9.385 1	8.863 3	8.383 8	7.942 7	7.536 1	7.160 7	6.813 7	6.492 4
13	12.133 7	11.348 4	10.635 0	9.985 6	6.393 9	8.852 7	8.357 7	7.903 8	7.486 9	7.103 4	6.749 9
14	13.003 7	12.106 2	11.296 1	10.563 1	6.898 9	9.295 0	8.745 5	8.244 2	7.786 2	7.366 7	6.981 9
15	13.865 1	12.849 3	11.937 9	11.118 4	10.379 7	9.712 2	9.107 9	8.559 5	8.060 7	7.606 1	7.190 9
16	14.717 9	13.511 1	12.561 1	11.652 3	10.831 8	10.105 9	9.446 6	8.851 4	8.312 6	1.823 1	7.379 2
17	15.562 3	14.291 9	13.166 1	12.165 7	11.274 1	10.477 3	9.763 2	9.121 6	8.543 6	8.021 6	7.548 8
18	16.398 3	14.992 0	13.753 5	12.659 3	11.689 6	10.827 6	10.059 1	9.371 9	8.755 6	8.201 4	7.701 6
19	17.226 0	15.678 5	14.323 8	13.133 9	12.085 3	11.158 1	10.335 6	9.603 6	8.950 1	8.364 9	7.839 3
20	18.045 6	16.351 4	14.877 5	13.590 3	12.462 2	11.469 9	10.594 0	9.818 1	9.128 5	8.513 6	7.963 3
21	18.857 0	17.011 2	15.415 0	14.029 2	12.821 2	11.764 1	10.835 5	10.016 8	9.292 2	8.648 7	8.075 1
22	19.660 4	17.658 0	15.936 9	14.451 1	13.163 0	12.041 6	11.061 2	10.200 7	9.442 4	8.771 5	8.175 7
23	20.455 8	18.292 2	16.443 6	14.856 8	13.488 6	12.303 4	11.272 2	10.371 1	9.580 2	8.883 2	8.266 4
24	21.243 4	18.913 9	16.935 5	15.247 0	13.798 6	12.550 4	11.469 3	10.528 8	9.706 6	8.984 7	8.348 1
25	22.023 2	19.523 5	17.413 1	15.622 1	14.093 9	12.783 4	11.653 6	10.674 8	9.822 6	9.077 0	8.421 7
26	22.795 2	20.121 0	17.876 8	15.982 8	14.375 2	13.003 2	11.825 8	10.810 0	9.929 0	9.160 9	8.488 1
27	23.559 6	20.706 9	18.327 0	16.329 6	14.643 0	13.210 5	11.986 7	10.935 2	10.026 6	9.237 2	8.547 8
28	24.316 4	21.281 3	18.764 1	16.663 1	14.898 1	13.406 2	12.137 1	11.051 1	10.116 1	9.306 6	8.601 6
29	25.065 8	21.844 4	19.188 5	16.983 7	15.141 1	13.590 7	12.277 3	11.158 4	10.198 3	9.369 6	8.650 1
30	25.807 7	22.396 5	19.600 4	17.292 0	15.372 5	13.764 8	12.409 0	11.257 8	10.273 7	9.426 9	8.693 8

续表

期数	12%	13%	14%	15%	16%	17%	18%	19%	20%	21%
1	0.892 9	0.885 0	0.877 2	0.869 6	0.862 1	0.854 7	0.847 5	0.840 3	0.833 3	0.826 4
2	1.690 1	1.668 1	1.646 7	1.625 7	1.605 2	1.585 2	1.565 6	1.546 5	1.527 8	1.509 5
3	2.401 8	2.361 2	2.321 6	2.283 2	2.245 9	2.209 6	2.174 3	2.139 9	2.106 5	2.073 9
4	3.037 3	2.974 5	2.913 7	2.855 0	2.798 2	2.743 2	2.690 1	2.638 6	2.588 7	2.540 4
5	3.604 8	3.517 2	3.433 1	3.352 2	3.274 3	3.199 3	3.127 2	1.057 6	2.990 6	2.926 0
6	4.111 4	3.997 5	3.888 7	3.784 5	3.684 7	1.589 2	3.497 6	1.400 8	3.325 5	3.244 6
7	4.563 8	4.422 6	4.288 3	4.160 4	4.038 6	3.922 4	3.811 5	3.705 7	3.604 6	3.507 9
8	4.967 6	4.798 8	4.638 9	4.487 3	4.343 6	4.207 2	4.077 6	1.954 4	3.837 2	3.725 6
9	5.328 2	5.131 7	4.946 4	4.771 6	4.606 5	4.450 6	4.303 0	4.163 3	4.031 0	3.905 4
10	5.650 2	5.426 2	5.216 1	5.018 8	4.833 2	4.658 6	4.494 1	4.338 9	4.192 5	4.054 1
11	5.937 7	5.686 9	5.452 7	5.233 7	5.028 6	4.836 4	4.656 0	4.486 5	4.327 1	4.116 9
12	6.194 4	5.917 6	5.660 3	5.420 6	5.197 1	4.988 4	4.793 2	4.610 5	4.439 2	4.278 4
13	6.423 5	6.121 8	5.842 4	5.583 1	5.342 3	5.118 3	4.909 5	4.714 7	4.532 7	4.362 4
14	6.628 2	6.302 5	6.002 1	5.724 5	5.467 5	5.229 3	5.008 1	4.802 3	4.610 6	4.431 7
15	6.810 9	6.462 4	6.142 2	5.847 4	5.575 5	5.324 2	5.091 6	4.875 9	4.675 5	4.489 0
16	6.974 0	6.603 9	6.265 1	5.954 2	5.668 5	5.405 3	5.162 4	4.937 7	4.729 6	4.536 4
17	7.119 6	6.729 1	6.372 9	6.047 2	5.748 7	5.474 6	5.222 3	4.989 7	4.774 6	4.575 5
18	7.249 7	6.839 9	6.467 4	6.128 0	5.817 8	5.533 9	5.273 2	5.033 3	4.812 2	4.607 9
19	7.365 8	6.938 0	6.550 4	6.198 2	5.877 5	5.584 5	5.316 2	5.070 0	4.843 5	4.634 6
20	7.469 4	7.024 8	6.623 1	6.259 3	5.928 8	5.627 8	5.352 7	5.100 9	4.869 6	4.656 7
21	7.562 0	7.101 6	6.687 0	6.312 5	5.973 1	5.664 8	5.383 7	5.126 8	4.891 3	4.675 0
22	7.644 6	7.169 5	6.742 9	6.358 7	6.011 3	5.696 4	5.409 9	5.148 6	4.909 4	4.690 0
23	7.718 4	7.229 7	6.792 1	6.398 8	6.044 2	5.723 4	5.432 1	5.166 8	4.924 5	4.702 5
24	7.784 3	7.282 9	6.835 1	6.433 8	6.072 6	5.746 5	5.450 9	5.182 2	4.937 1	4.712 8
25	7.843 1	7.330 0	6.872 9	6.464 1	6.097 1	5.766 2	5.466 9	5.195 1	4.947 6	4.721 3
26	7.895 7	7.371 7	6.906 1	6.490 6	6.118 2	5.783 1	5.480 4	5.206 0	4.956 3	4.728 4
27	7.942 6	7.408 6	6.935 2	6.513 5	6.136 4	5.797 5	5.491 9	5.215 1	4.963 6	4.734 2
28	7.984 4	7.441 2	6.960 7	6.533 5	6.152 0	5.809 9	5.501 6	5.222 8	4.969 7	4.739 0
29	8.021 8	7.470 1	6.983 0	6.550 9	6.165 6	5.820 4	5.509 8	5.229 2	4.974 7	4.743 0
30	8.055 2	7.495 7	7.002 7	6.566 0	6.177 2	5.829 4	5.516 8	5.234 7	4.978 9	4.746 3

附表四　年金终值系数表　计算公式：$F = (F/A, i, n)$

期数	1%	2%	3%	4%	5%	6%	7%	8%	9%
1	1.000 0	1.000 0	1.000 0	1.000 0	1.000 0	1.000 0	1.000 0	1.000 0	1.000 0
2	2.010 0	2.020 0	2.030 0	2.040 0	2.050 0	2.060 0	2.070 0	2.080 0	2.090 0
3	3.030 1	3.060 4	3.090 9	3.121 6	3.152 5	3.183 6	3.214 9	3.246 4	3.278 1
4	4.060 4	4.121 6	4.183 6	4.246 5	4.310 1	4.374 6	4.439 9	4.506 1	4.5731
5	5.101 0	5.204 0	5.309 1	5.416 3	5.525 6	5.637 1	5.750 7	5.866 6	5.984 7
6	6.152 0	6.308 1	6.468 4	6.633 0	6.801 9	6.975 3	7.153 3	7.335 9	7.523 3
7	7.213 5	7.434 3	7.662 5	7.898 3	8.142 0	8.393 8	8.654 0	8.922 8	9.200 4
8	8.285 7	8.583 0	8.892 3	9.214 2	9.549 1	9.897 5	10.259 8	10.636 6	11.028 5
9	9.368 5	9.754 6	10.159 1	10.582 8	11.026 6	11.491 3	11.978 0	12.487 6	13.021 0
10	10.462 2	10.949 7	11.463 9	12.006 1	12.577 9	13.180 8	13.816 4	14.486 6	15.192 9
11	11.566 8	12.168 7	12.807 8	13.486 4	14.206 8	14.971 6	15.783 6	16.645 5	17.560 3
12	12.682 5	13.412 1	14.192 0	15.025 8	15.917 1	16.869 9	17.888 5	18.977 1	20.140 7
13	13.809 3	14.680 3	15.617 8	16.626 8	17.713 0	18.882 1	20.140 6	21.495 3	22.953 4
14	14.947 4	15.973 9	17.086 3	18.291 9	19.598 6	21.015 1	22.550 5	24.214 9	26.019 2
15	16.096 9	17.293 4	18.598 9	20.023 6	21.578 6	23.276 0	25.129 0	27.1521	29.360 9
16	17.257 9	18.639 3	20.156 9	21.824 5	23.657 5	25.672 5	27.888 1	30.324 3	33.003 4
17	18.430 4	20.012 1	21.761 6	23.697 5	25.840 4	28.212 9	30.840 2	33.750 2	36.973 7
18	19.614 7	21.412 3	23.414 4	25.645 4	28.132 4	30.905 7	33.999 0	37.450 2	41.301 3
19	20.810 9	22.840 6	25.116 9	27.671 2	30.539 0	33.760 0	37.379 0	41.446 3	46.018 5
20	22.019 0	24.297 4	26.870 4	29.778 1	33.066 0	36.785 6	40.995 5	45.762 0	51.160 1
21	23.239 2	25.783 3	28.676 5	31.969 2	35.719 3	39.992 7	44.865 2	50.422 9	56.764 5
22	24.471 6	27.299 0	30.536 8	34.248 0	38.505 2	43.392 3	49.005 7	55.456 8	62.873 3
23	25.716 3	28.845 0	32.452 9	36.617 9	41.430 5	46.995 8	53.436 1	60.893 3	69.531 9
24	26.973 5	30.421 9	34.426 5	39.082 6	44.502 0	50.815 6	58.176 7	66.764 8	76.789 8
25	28.243 2	32.030 3	36.459 3	41.645 9	47.727 1	54.864 5	63.249 0	73.105 9	84.700 9
26	29.525 6	33.670 9	38.553 0	44.311 7	51.113 5	59.156 4	68.676 5	79.954 4	93.324 0
27	30.820 9	35.344 3	40.709 6	47.084 2	54.669 1	63.705 8	74.483 8	87.350 8	102.723 1
28	32.129 1	37.051 2	42.930 9	49.967 6	58.402 6	68.528 1	80.697 7	95.338 8	112.968 2
29	33.450 4	38.792 2	45.218 9	52.966 3	62.322 7	73.639 8	87.346 5	103.965 9	124.135 4
30	34.784 9	40.568 1	47.575 4	56.084 9	66.438 8	79.058 2	94.460 8	111.283 2	136.307 5

续表

期数	10 %	11%	12%	13%	14%	15%	16%	17%	18%
1	1. 000 0	1. 000 0	1. 000 0	1. 000 0	1. 000 0	1. 000 0	1. 000 0	1. 000 0	1. 000 0
2	2. 100 0	2. 110 0	2. 120 0	2. 130 0	2. 140 0	2. 150 0	2. 160 0	2. 170 0	2. 180 0
3	3. 310 0	3. 342 1	3. 374 4	3. 406 9	3. 439 6	3. 472 5	3. 505 6	3. 538 9	3. 572 4
4	4. 641 0	4. 709 7	4. 779 3	4. 849 8	4. 921 1	4. 993 4	5. 066 5	5. 140 5	5. 215 4
5	6. 105 1	6. 227 8	6. 352 8	6. 480 3	6. 610 1	6. 742 4	6. 877 1	7. 014 4	7. 154 2
6	7. 715 6	7. 912 9	8. 115 2	8. 322 7	8. 535 5	8. 753 7	8. 977 5	9. 206 8	9. 442 0
7	9. 487 2	9. 783 3	10. 089 0	10. 404 7	10. 730 5	11. 066 8	11. 413 9	11. 772 0	12. 141 5
8	11. 435 9	11. 859 4	12. 299 7	12. 757 3	13. 232 8	13. 726 8	14. 240 1	14. 773 3	15. 327 0
9	13. 579 5	14. 164 0	14. 775 7	15. 415 7	16. 085 3	16. 785 8	17. 518 5	18. 284 7	19. 085 9
10	15. 937 4	16. 722 0	17. 548 7	18. 419 7	19. 337 3	20. 303 7	21. 321 5	22. 393 1	23. 521 3
11	18. 531 2	19. 561 4	20. 654 6	21. 814 3	23. 044 5	24. 349 3	25. 732 9	27. 199 9	28. 755 1
12	21. 384 3	22. 713 2	24. 133 1	25. 650 2	27. 270 7	29. 001 7	30. 850 2	32. 823 9	34. 931 1
13	24. 522 7	26. 211 6	28. 029 1	29. 984 7	32. 088 7	34. 351 9	36. 786 2	39. 404 0	42. 218 7
14	27. 975 0	30. 094 9	32. 392 6	34. 882 7	37. 581 1	40. 504 7	43. 672 0	47. 102 7	50. 818 0
15	31. 772 5	34. 405 4	37. 279 7	40. 417 5	43. 842 4	47. 580 4	51. 659 5	56. 110 1	60. 965 3
16	35. 949 7	39. 189 9	42. 753 3	46. 671 7	50. 980 4	55. 717 5	60. 925 0	66. 648 8	72. 939 0
17	40. 544 7	44. 500 8	48. 883 7	53. 739 1	59. 117 6	65. 075 1	71. 673 0	78. 979 2	87. 068 0
18	45. 599 2	50. 395 9	55. 749 7	61. 725 1	68. 394 1	75. 836 4	84. 140 7	93. 405 6	103. 740 3
19	51. 159 1	56. 939 5	63. 439 7	70. 749 4	78. 969 2	88. 211 8	98. 603 2	110. 284 6	123. 413 5
20	57. 275 0	64. 202 8	72. 052 4	80. 946 8	91. 024 9	102. 443 6	115. 379 7	130. 032 9	146. 628 0
21	64. 002 5	72. 265 1	81. 698 7	92. 469 9	104. 768 4	118. 810 1	134. 840 5	153. 138 5	174. 021 0
22	71. 402 7	81. 214 3	92. 502 6	105. 491 0	120. 436 0	137. 631 6	157. 415 0	180. 172 1	206. 344 8
23	79. 543 0	91. 147 9	104. 602 9	120. 204 8	138. 297 0	159. 276 4	183. 601 4	211. 801 3	244. 486 8
24	88. 497 3	102. 174 2	118. 155 2	136. 831 5	158. 658 6	184. 167 8	213. 977 6	248. 807 6	289. 494 5
25	98. 347 1	114. 413 3	133. 333 9	155. 619 6	181. 870 8	212. 793 0	249. 214 0	292. 104 9	342. 603 5
26	109. 181 8	127. 998 8	150. 333 9	176. 850 1	208. 332 7	245. 712 0	290. 088 3	342. 762 7	405. 272 1
27	121. 099 9	143. 078 6	169. 374 0	200. 840 6	238. 499 3	283. 568 8	337. 502 4	402. 032 3	479. 221 1
28	134. 209 9	159. 817 3	190. 698 9	227. 949 9	272. 889 2	327. 104 1	392. 502 8	471. 377 8	566. 480 9
29	148. 630 9	178. 397 2	214. 582 8	258. 583 4	312. 093 7	377. 169 7	456. 303 2	552. 512 1	669. 447 5
30	164. 494 0	199. 020 9	241. 332 7	293. 199 2	356. 786 8	434. 745 1	530. 311 7	647. 439 1	790. 948 0

参 考 文 献

[1] 汤谷良，韩慧博，祝继高．财务管理案例 ［M］. 3 版．北京：北京大学出版社，2019.

[2] 裴更生，熊晴海．新编财务管理实训 ［M］. 4 版．大连：大连理工大学出版社，2016.

[3] 孔德兰，许辉．财务管理——原理、实务、案例、实训 ［M］. 2 版．大连：东北财经大学出版社，2015.

[4] 季光伟．财务管理实务综合模拟实训 ［M］．北京：高等教育出版社，2014.

[5] 财政部会计资格评价中心．财务管理 ［M］．北京：经济科学出版社，2020.

[6] 中国注册会计师协会．财务成本管理 ［M］．北京：中国财政经济出版社，2018.

[7] 费琳琪．会计基础 ［M］. 2 版．北京：中国人民大学出版社，2018.

[8] 杨良成．人文会计公众号．